汽车前沿技术
科·普·系·列

图说
汽车
智能座舱

张鹏飞 编著

U0313879

化学工业出版社
·北京·

内容简介

本书聚焦智能座舱，介绍汽车座舱的发展、演变及智能座舱概念的确定，进而得出智能座舱的核心含义、技术路径以及发展趋势，从感知、融合、决策、执行四个维度去介绍目前和未来智能座舱技术的发展，分析如何在各个领域促进智能座舱的创新和渗透。这不仅可为消费者打造极致的体验，更是各个主机厂差异化竞争的重要领域。此外，本书还从主机厂、价值转移的视角，观察智能座舱的革新如何影响汽车行业，期望引发更多汽车从业者的思考。

本书可供汽车从业人员、汽车垂直媒体以及对汽车智能座舱感兴趣的人群阅读，亦可作为高等院校智能汽车及相关专业学生的参考教材。

图书在版编目（CIP）数据

图说汽车智能座舱 / 张鹏飞编著 . —北京：化学工业出版社，2023.6
（汽车前沿技术科普系列）
ISBN 978-7-122-43177-6

Ⅰ.①图…　Ⅱ.①张…　Ⅲ.①汽车 - 智能控制 - 座舱 - 图解　Ⅳ.① U463.83-64

中国国家版本馆 CIP 数据核字（2023）第 054248 号

责任编辑：张海丽
文字编辑：郑云海　温潇潇
责任校对：张茜越
装帧设计：刘丽华

出版发行：化学工业出版社
　　　　　（北京市东城区青年湖南街 13 号　邮政编码 100011）
印　　装：北京缤索印刷有限公司
710mm×1000mm　1/16　印张 9¾　字数 173 千字
2023 年 7 月北京第 1 版第 1 次印刷

购书咨询：010-64518888　　　售后服务：010-64518899
网　　址：http://www.cip.com.cn

在过去的十几年里，我都一直从事着汽车内饰乃至整车的开发和管理工作，经历了新兴势力的兴起，自主品牌由弱变强，传统车企、外资品牌陷入困境等阶段。选择自己熟悉的领域出书，既是想给过去的工作做一个总结，更是想通过介绍自己在行业里的经历，向读者展示一个快速发展的新兴领域。

汽车智能座舱（简称：智能座舱）正是那个多重因素和用户需求叠加在一起的新兴领域，其既顺应了技术发展，更是使消费者体验升级。产品定义以用户需求和体验为核心，锚定智能座舱需求的底层逻辑，技术的革新和应用则是智能座舱落地和发展的基本保障。只有从用户需求、产品定义、技术选择、功能落地、用户体验等方面完成端到端的开发，才能够统一而完整地打造出出众的智能座舱产品。

智能座舱的出现是颠覆性的，其使汽车产品不再围绕着标准打造，而是围绕着用户打造，进一步促使相关汽车从业者挑战自己，从专业领域专家转型为跨领域人才。例如，内饰不再是简单的内饰，而是结合电子成为电子内饰，零件的附加价值被重置，由原来以材料和结构提供功能，逐步转向软硬件一体化地提供可以迭代的用户体验。

汽车座舱在整合座舱域的系统，并打通对人、对路、对云端的智能交互后，成为人们的"移动生活空间＋"，其基于用户的需求和应用场景，能够主动洞察和理解用户，构建了一种移动交互和体验的空间，即智能座舱。

类似自动驾驶，针对智能座舱，本书抓住其主动洞察和理解的拟人化特征，通过介绍感知、融合、决策、执行这四个环节让读者理解智能座舱，再循序渐进地探讨技术实施和未来发展。在实际技术讨论中，其实也会发现很多技术和理念在其他领域也在广泛使用，如芯片、以太网、操作系统、视觉技术、语音技术、面向服务的架构、虚拟机等，只不过它们的应用场景和标准变了。而对具体案例的拆解和分析，可以帮助大家建立从技术到应用、从应用到场景的全景视角。

抓住不变、挑战改变，才能既从底层逻辑上理解智能座舱的实现路径，又能不断地迎接技术变化带来的新场景开发和新技术应用。在解析智能座舱的内涵和技术路径的同时，本书还探讨了各项新技术的应用可能给整个行业带来的冲击。转型升级是国家在各个行业领域的战略要求，对于国家支柱产业之一的汽车行业，从业者也需要理解和改变以面对各种挑战。

　　首先，感谢我的家人在整本书成文的过程中给予的鼓励。再者，这本书凝结了众多汽车从业者的智慧，从中我得到了丰富的给养，你们的才华和智慧是所有人的宝藏。另外，我还要特别感谢我身边的领导和朋友们，在我整理书稿时，你们的监督和帮助不可或缺。

　　因时间仓促、水平有限，同时汽车技术正飞速发展，书中如有不妥之处，望读者批评指正。

编著者

目 录

第 1 章

什么是汽车智能座舱

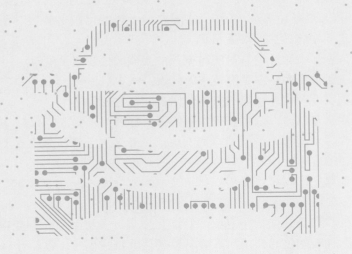

数字化的本质是数字驱动的"用户中心观"，数字化使需求侧的重心从业务变为用户，数字化对供给侧的要求是打造"规模、体验、智能"的新增长三角，如图1-1所示。

图1-1　新增长三角

数字化不可以简单地认为是电子化和数据化，数字化依照发展情况可以分为自动化、数据化、客观化、智能化四个阶段。无论是企业、行业，还是生态，其数字化问题都非常复杂，甚至会是颠覆性的改变。自动化是"过去"的问题，数据化和客观化是"当今"的问题，而智能化则是解决"将来"的问题，智能化正是数字化转型的终极目标。

常规来说，大家比较认可的科技革命大体上分为四个阶段：

第一次工业革命，以蒸汽技术为代表，称为机械化；

第二次工业革命，以电气技术为代表，称为电气化；

第三次工业革命，以信息技术为代表，称为信息化；

第四次工业革命，涉及技术范围更广，复杂度更高，其中人工智能最为核心，称为智能化。

进入到第三次科技革命后，科技革命的协同度不断向深度和广度两个维度快速发展，如图1-2所示。

如今，我们正处在由信息化向智能化发展的关键节点。利用以互联网/移动互联网为代表的信息技术，人类可以快速地进行信息传输和计算，直接参与决策，其中包含信息的获取、加工、执行等。

以智能化为代表的第四次工业革命中，现实场景、基础建设、云端数据相互融合，通过算法计算形成决策，而人和其他机器一样，成为智能化的一个节点。基于人类无法匹敌的数据获取和计算能力，智能化正在切实改变我们的生活，万物互联、万物生智的时代已经来临，物理、数字、生物三大世界在广泛而深度地进行融合。

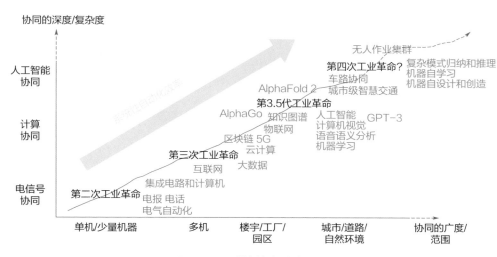

图1-2　科技革命的协同度

AlphaGo—阿尔法围棋，第一个战胜围棋世界冠军的人工智能机器人；AlphaFold 2—人工智能，用以预测复杂的蛋白质折叠结构；GPT-3—由OpenAI公司提出的非常强大的预训练语言模型

路径上，从跨系统（数字世界的整合）到跨域（数字＋物理世界融合）再到跨界（数字＋物理＋生物），我们会看到一个万物互联、万物生智的趋势，如图1-3所示。

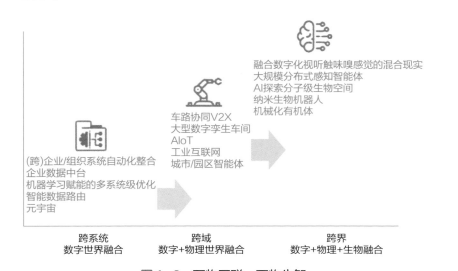

图1-3　万物互联、万物生智

V2X—Vehicle to Everything，车对外界的信息交换；AIoT（人工智能物联网）—AI（人工智能）＋IoT（物联网）

在跨系统阶段，一个产业、一个领域的原本独立运作、大量人工协同的各个环节，通过行业/企业级数据平台的智能数据路由、机器学习最佳实践等方式，不断被整合为相互驱动、整体优化的自动化过程。

万物互联和万物生智后，原本并无直接关联的异构实体，或者会单独沟通，或者会成为一个由端、边、网、云分层次构成的智能体的组成部分，从而系统化地协同。

一个典型的场景是基于车路协同的智慧交通体系。在这个体系中，行人的移动设备、车辆与摄像头、交通灯等路面基础设施，组成了实时采集、交换、处理信息的智慧交通网络系统，实时决策和行动的智能交通单元，每一个组成单元，既具备感官体系、执行肢体，也具备不同智能化水平的"大脑"。

2003年7月1日特斯拉汽车成立，2014年11月蔚来汽车成立，众多来自科技领域和互联网行业的创业者开始高调进入汽车行业。随着世界各国家政府开始增大对于新能源行业的支持和投入，业内人士都在感叹，汽车行业正在遭遇百年未遇的大变革，这直接催生了汽车行业"新四化"的概念，即电动化、网联化、智能化、共享化。

而把汽车的"新四化"放到数字智能化和万物互联的大背景之下来看，这无疑是水到渠成的事件。众多的弄潮儿也看准了这样一个窗口，奋勇加入，是为大势所趋。

除去对电动化的重金投入和技术研发，拥有丰富互联网创业经验的创业者开始更大胆地在业务模式上进行创新，从以往的硬件和软件实现功能，逐渐转变为软件定义汽车，汽车从借由机电驱动过渡为软件驱动。

新四化的汽车行业，其高速发展的主要驱动力，由原来的业务（即产品和技术）驱动逐步转换为用户（即用户需求和体验）驱动。具体体现在针对不同的用户应用场景匹配和整合新技术，通过软件迭代的方式不断优化用户体验，最大化满足用户需求。

其中，最受关注的、可以给用户带来更好体验的智能化领域有自动驾驶和智能座舱领域，它们成为各车企布局发展和争夺的产业制高点。但是在今天看来，完全的自动驾驶落地遥遥无期，而智能座舱的智能化和差异化成了各大主机厂竞争的焦点，这里不仅有造车新势力、传统主机厂，还有诸多科技互联网企业。

与此同时，从用户的角度来看待汽车，汽车已经不是"单一的交通工具"，而是"第三空间"抑或"移动生活空间+"，如图1-4所示。汽车消费的需求也从实用性、安全性，逐步发展为强调交互化、个性化、定制化，消费者对汽车

图 1-4 汽车智能座舱概念图

的定位被赋予了更强大的交互属性，未来将在智能网联场景中扮演重要角色，成为用户实体移动生活空间和虚拟移动生活空间的重要延伸。

作为空间塑造的核心载体，在智能化上稍显迟缓的汽车座舱，如何在日新月异的技术 [如芯片、AI（人工智能）、区块链、云计算、大数据、表面装饰、HMI（人机交互）、系统集成等] 的推动下，基于万物互联化、智能化的背景完成进化，已成为各厂商关注的焦点。传统车企、造车新势力、Tier 1 供应商等均将视线聚焦在汽车智能座舱领域，提前布局，圈定汽车智能座舱生态领地。

1.1 座舱系统的发展历史

座舱，释义为供机组人员或旅客乘坐的舱段。

汽车座舱系统，即供驾驶员和乘客乘坐的汽车空间系统（本书均将其简称为座舱系统）。

按照汽车行业的共识，以座舱系统增加简单的电子功能为起点，自 20 世纪 20 年代开始至今，按照不同发展阶段的技术特征，汽车座舱发展历程可分为五个阶段，如图 1-5 所示。

◆ 机械操作（20 世纪 20—90 年代）：单一的机械仪表，电子收音机，简单音频播放设备，物理操作按键，功能单一。

◆　电子座舱（2000—2015 年）：21 世纪前 15 年为汽车电子化时代，出现液晶显示器 + 导航功能，随着电子信息系统逐步整合，形成"电子座舱域"。

◆　智能助理（2015 年至今）：生物识别技术的应用，促使驾驶员监控系统快速迭代，增强了车辆的感知能力；消费者对车辆智能化功能的期望，不仅仅局限在自动驾驶与人机交互，还可提供部分内容服务。

◆　人机共驾（近期）：语音控制（助手）、人脸识别和手势控制技术突破，车内软硬件一体化，实现车辆感知精细化；车辆在上车—行驶—下车的整个用车周期中，为驾乘人主动提供场景化的服务，实现机器自主 / 半自主决策。

◆　移动生活空间 +（未来）：未来汽车使用场景将更加丰富化和生活化，基于车辆位置信息和用途，融合信息、娱乐、订餐、互联等功能，为消费者提供更加贴心和便捷的体验。

机械操作
◆ 单一机械仪表
◆ 简单音频播放
◆ 物理操作按键
◆ 功能单一

电子座舱
◆ 液晶显示器
◆ 导航功能
◆ 电子系统整合

智能助理
◆ 生物识别
◆ 座舱监控
◆ 独立感知
◆ 部分内容服务

人机共驾
◆ 感知精细化
◆ 场景化服务
◆ 自主/半自主决策

移动生活空间+
◆ 场景丰富化和生活化
◆ 融合信息、娱乐、订餐、互联等功能
◆ 生活空间的拓展

图 1-5　汽车座舱发展历程

以上分类仅仅是在趋势上对主要技术特征和应用的总结，其中，因为产品开发周期、各个主机厂发展战略、技术成熟度等原因，存在着很明显的过渡和混合发展阶段。

回顾汽车座舱系统的发展历史，以汽车数字化为主线：汽车电子座舱的概念孵化自车载信息娱乐系统（IVI）；IVI 的前身最早可追溯到 1924 年的车载收音机；20 世纪 80 年代，博世联合英特尔开发出 CAN 总线系统，并应用于车载 ECU 的数据通信，意味着汽车座舱进入数字化；2001 年，宝马引入中央显示屏，液晶屏入驻汽车座舱；2006 年，美国开放 GPS 民用化，车载屏显导航功能成为主流；2018 年，伟世通和安波福成功开发两个主流电子座舱域 / 区域控制器方案，并逐步推向市场。

域 / 区域控制器的出现，宣告汽车座舱将快速进入到一个整合发展的阶段。座舱域将打通原本割裂的分系统，让各个功能模块相互融合，为特定场景共同打造专属服务，并最终能够做到自主 / 半自主决策。

1.2 汽车智能座舱的定义

从历史发展和技术迭代的角度来看，汽车座舱由机械仪表盘、电子座舱逐渐向智能化方向发展，人工智能技术的进步与集成化趋势的推动，使汽车座舱迎来智能辅助座舱时代。随着人工智能与人机交互的深入发展，智能座舱的功能与安全性也将进一步提升，舒适性、健康性、场景化、互联性等特点更加显著。

在智能化、网联化浪潮下，且不说汽车被重新定义，智能座舱就是一个复合型概念，涉及的细分技术种类繁多，目前行业内对于智能座舱的定义并不统一，政府或行业也没有给出明确的标准。

可以看一看以下不同的定义方式：

◆ 智能座舱是指配备了智能化和网联化的车载产品，从而可以与人、车、路、云进行智能交互的座舱，是人车关系从工具向"伴侣"演进的关键纽带和节点。

◆ 智能座舱主要涵盖座舱内饰和座舱电子领域的创新与联动，是从消费者应用场景角度出发而构建的智能化人机交互（HMI）体系，如图 1-6 所示。

图 1-6 智能座舱：场景式 HMI 体系

◆ 智能座舱是在智能化、万物互联化大背景下的新型车内应用场景，通过整合驾驶信息和车载应用，利用车载系统的强大信息数据处理能力，为驾乘者提供贴心、高效且具科技感的体验。

◆ 智能座舱将从传统的交通工具进化为集家居、娱乐、工作、社交于一体的智能空间，即"第三生活空间""软硬兼备"的智能化终端、会行走的"智慧新物种"。

显而易见，在不同阶段、不同角度、不同立场，人们对于智能座舱的定义各不相同，而又能找到共同点：新的人机交互方式，新的人、车、路、云交互关系，场景化和智能空间。

结合数字化时代发展的特征，智能座舱的发展脉络是：从一开始简单的娱乐功能，到导航系统、大屏体验、注重操作系统，再到智能网联的座舱和人车关系的重构，最后是在未来从应用场景出发而构建的智能交互体系，如图1-7所示。

图 1-7 　未来的智能座舱

因此，不妨给出这样一个定义：**智能座舱是基于用户需求和应用场景，能主动洞察和理解而构建的一种智能的移动交互和体验空间。**

定义中突出了以用户和场景为中心，随着数字化、智能化、网联化技术的不断发展而发展，车不再是单一的交通工具，而是具有全新交互和体验的智能移动空间，而且这种空间会基于消费者的职业、习惯、爱好而定制。主动洞察和理解是智能化的终极目标，即具有自主/半自主决策的人工智能。

当汽车的出行属性开始改变时，座舱作为汽车实现空间塑造的核心载体，其产品形态也将随之演进。未来，汽车智能座舱将逐步进化为能够实现场景的无缝衔接、各场景互联的"移动生活空间＋"，成为具有拟人化交互能力的驾驶伙伴。

1.3　汽车智能座舱的组成

智能座舱作为一个复杂的系统，其涉及跨学科跨专业的产品定义、技术体系、使用场景等多个维度的内容。但从技术体系结构上看，智能座舱的智能体系跟类似的智能产品并没有本质的区别，可以从以下几个方面进行归纳和总结，即按照传统硬件为主的方式进行区分、按照软硬件相结合的方式进行区分、按照智能系统的概念进行区分。

（1）按照传统硬件为主的方式区分

汽车智能座舱主要包含汽车智能座舱内饰和汽车座舱电子。

汽车智能座舱内饰包括中控、仪表台、门板、座椅、灯光、空调等，用户可对车舱内各内饰功能进行控制，伴随语音语义识别、机器视觉等技术的发展，座舱内饰的智能化程度将不断加深。

汽车座舱电子包括全液晶仪表、车载娱乐系统、座舱监控系统、抬头显示（HUD）等汽车电子设备，座舱电子是人车交互的中枢，功能丰富，具备语音识别、手势识别、主动安全报警、实时导航、在线娱乐等功能和服务。

汽车智能座舱可实现人、车、路、云的联动交互，实现"对人智能""对车智能""对路智能""对云智能"，如图1-8所示。

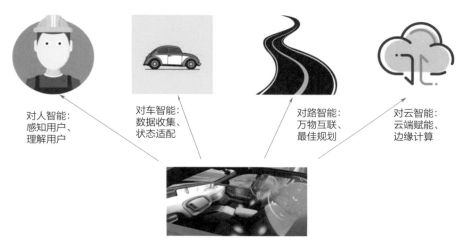

对人智能：
感知用户、
理解用户

对车智能：
数据收集、
状态适配

对路智能：
万物互联、
最佳规划

对云智能：
云端赋能、
边缘计算

图1-8　人、车、路、云联动交互

（2）按照软硬件相结合的方式区分

汽车智能座舱的技术架构主要由硬件层、系统软件层、功能软件层、服务层和支撑层构成。

　　硬件层包含传感器、处理器、内存等基本硬件系统；系统软件层则是各种操作系统、驱动、通信等基本系统软件；功能软件层是智能座舱实现功能的核心软件，即处理感知模块数据完成感知，完成上层应有的处理需求；服务层包含语音识别云服务、场景网关等相关服务；支撑层是支撑软件的快速开发工具。分层的技术架构有利于整合系统资源，推动汽车软件架构由基于信号的架构向面向服务的架构（Service Oriented Architecture，SOA）转变，如图1-9所示。

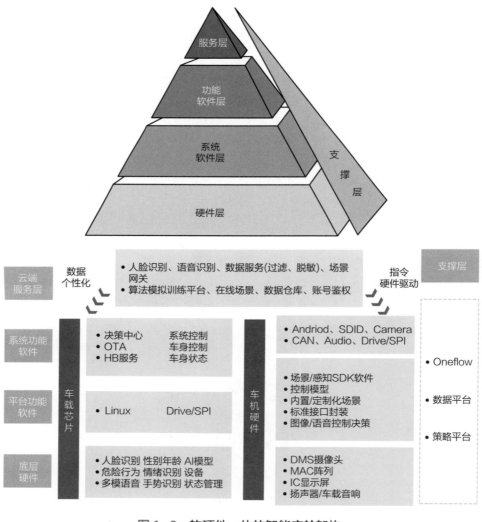

图1-9　软硬件一体的智能座舱架构

　　显然，这些分类和组成都有非常严谨的逻辑，在这里我们更多地要着眼于未来的发展趋势，再来梳理该如何去抓住智能座舱发展的主要脉络，从而更快速直接地理解智能座舱。

　　实质上，与自动驾驶、AI 技术一样，智能座舱的行为也是感知 - 融合 - 决策 - 执行，也就是智能化后最重要的"拟人化"特征。

　　本书后续章节将和读者讨论智能座舱的方方面面，包括各个层面的技术，如感知与融合、决策、执行，也会涉及主机厂变革和价值迁移，借由案例来充分感受智能座舱的当前水平，展望未来的发展趋势。

1.4　汽车智能座舱的驱动力

　　放在社会和经济发展的大背景下，整个汽车行业的发展相比于互联网、移动互联网、消费电子领域稍显滞后。大众前 CEO 迪斯在他的演讲中曾指出，每一个新兴的创新领域都将经历变革、蓬勃、退潮、稳定、灭亡的发展阶段，如图 1-10 所示。

　　在新旧技术的过渡阶段，将产生剧烈的变革阵痛，当达到一定程度时，会

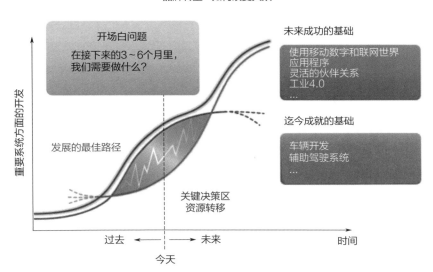

图 1-10　大众前 CEO 迪斯：如何改变大众

有更多资本和产业链加入，从而进入蓬勃发展阶段。相对的是，随着资金、技术、人力的收缩再优化，旧的技术将逐渐失去活力，新的技术将成为未来成功的基础。

而在新老技术交接的关键决策区，企业在资源分配、战略调整、组织架构乃至文化上的决策都将至关重要，用"向死而生"来说也不为过。

汽车行业"新四化"的变革，正是如此蓬勃：电动化直指传统汽车优势领域，即动力系统，釜底抽薪、化繁为简；共享化触动着未来的消费新模式；网联化和智能化迅猛地推进着自动驾驶和智能座舱的高速发展。

在这股浪潮之中，智能座舱发展由什么来驱动，又具有什么样的发展方向呢？具体来说，是一个驱动、五大考量。

1.4.1 用户需求驱动

随着 IT 及消费电子产业的繁荣，用户可以充分享受平板电脑、智能手机及其生态系统带来的直观、清晰、丰富、优质的交互体验；用户对于这种体验形成习惯后，交互体验将会向汽车座舱延伸，这明显具有用户需求驱动特征。

如图 1-11 所示，从马斯洛需求层次分析中不难看出，智能座舱产品在生理需求、安全需求、社会需求、尊重需求乃至自我实现等各个层次中都能得到体现，智能座舱的最终阶段将代表用户的个性、社会地位、社交形态等。

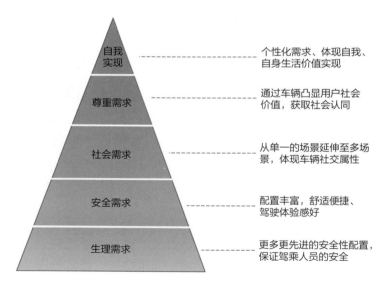

图 1-11　智能座舱产品的马斯洛需求层次分析

（1）安全性需求

最为常见的辅助停车、导航、碰撞预警，都属于智能座舱的人机交互的一部分；在开启辅助驾驶后，需要识别危险驾驶行为，如疲劳驾驶、情绪驾驶、驾驶分神等；此外，在L3级辅助驾驶中有一个特殊需求，即接管请求（Take Over Request，TOR），在紧急情况下，自动驾驶车辆通过车载接口，以交互方式向驾驶员发出信号，立即请求接管。

（2）愉悦性需求

愉快的旅程享受，打发车上时间或丰富车上时间价值，利用车载大屏幕进行工作和娱乐，通过增强现实（AR）和虚拟现实（VR）等沉浸式技术，将车辆转变为工作、游戏、社交、休息的"移动生活空间"。

（3）情感性互动

与人类进行自然而直观的交互，如自然的面部表情、语调、眼神、手势、对话上下文、肢体语言等。多模态传感器和感知算法能确保这种交互的自然，也可以主动感知，避免不必要的无效数据。

情景决策和移情交互需要汽车智能座舱能够敏锐地识别用户的情绪状态，如喜悦、悲伤、愤怒，并主动提出建议或改变交互模式去适应用户，使得智能座舱成为一位值得信任的"伴侣"。

（4）懂你的所想

AI智能使得智能座舱拥有自我学习能力，也就是"自学汽车"的概念，使之能够识别每个人的特征和个性化需求，并在长期学习用户习惯和偏好后，能够推荐或者直接向用户提供精确的服务，如空调设置、座椅设置、灯光设置、个性化音乐，又或者在检测到驾驶员困倦时讲一段其喜欢的故事。

1.4.2　五大考量

从用户需求中来，是各个企业反复强调并不断强化的企业产品制胜策略。只有从用户需求出发，着重选择与产品定位相匹配的对策，才能用有限的资源打造出受欢迎的产品。以下列出的是几个重要的考量。

（1）全新交互

为了满足用户对车载交互体验的新需求，中控屏朝着更大尺寸和更高清晰度方向发展，还有液晶仪表、流媒体后视镜等，按键虚拟化或平面触控化，此外还有抬头显示（HUD）、增强现实抬头显示（AR-HUD）等。随着座舱域的整合，手势操控、跨屏操作等层出不穷的创新不断得到应用。

（2）舒适性、健康性

随着经济发展，人们对于舒适和健康的要求越来越高，要求车辆能针对天气进行远程启动，如提前开启空调、空气净化功能，自动调节空调风速、风量、温度、车内灯光等，并且能够针对不同的人群做个性化设定，如老人和小孩、商务族和越野一族等。

（3）场景化

场景化是未来智能座舱成为"移动生活空间＋"的最基本要求，毫无疑问，所有主机厂都会在一款产品上深入讨论目标用户会在何种场景下去使用这款车，并围绕着各种场景建立一整套的体验和评价体系，确保在技术能够支持的情况下，使产品尽量符合用户预期。具体场景有观影、游戏、休息、假日、工作等。

（4）互联性

传统座舱域是由分散子系统或单独模块组成，每个系统像"孤岛"，无法进行联动、跨屏操作等协同性操作，更不用说满足关于舒适性、健康性、场景化、安全性等的要求。而座舱域控制器这种域集中式的计算平台，可整合各种感知信息，无缝对接用户的需求，把在家没完成的工作继续带到智能座舱里进行。

（5）安全性

把这一条放在最后，并不是因为不重要，而是安全性是最重要的。以前买车时消费者会数一数气囊的个数，看一看碰撞成绩，而现在座舱的安全性延伸到了汽车如何自主地帮助提高驾驶安全性和道路行驶安全性。座舱监控系统的深入发展已经得到美国、欧洲等国家和地区的法规支持，同时主动识别交通信号和交通状况，做出座舱驾驶预警，已经成为主动安全的重要一环。

通过软硬件整合和多维度开发找准驱动力的支点，去掉伪用户需求，加强并打造超出期待的用户真实需求，支撑智能座舱在以上五个方向发展。

软硬件整合的价值包括：

❶ 成本角度：可以抑制复杂功能加法导致的系统软硬件成本急剧飙升，可直接降低整个座舱域的系统成本。

❷ 技术角度：整合方案打破分布式架构，降低系统涉及的复杂度和难度，尤其减少各分散单元的资源浪费，节约通信资源，适用固件升级和提升计算效率。

❸ 系统角度：整合能够将系统进行软硬件分层，形成诸如硬件层、驱动层、操作系统层、感知层、应用层等层级，从而推动汽车的软件架构由基于信号的架构（Signal-Oriented Architecture）向面向服务的架构（Service-Oriented Architecture）转变。

多维度开发体现在独立感知手段、交互升级、场景互联、操作系统、决策算法上。

语音、手势、视觉感知的技术突破，基于多模感知手段的融合，使感知更精准和主动，最终将促使系统软件层形成"独立感知层"，使得车辆具备"感知"人、"理解"人的能力。通过独立感知层，收集例如视觉、语音以及制动 / 加速踏板、方向盘、车速等车身底盘和动力数据，利用人脸识别、声纹识别等生物识别技术，来综合判断座舱驾乘人员的生理状态和行为状态，从而实现"理解"人。

基于车辆的移动属性，未来车辆作为"移动生活空间 +"，其使用场景将更加丰富化、生活化。在上车—行驶—下车的整个用车周期中，结合具体互联场景，独立感知作为新的 HMI（人机交互）输入，为驾乘人员主动提供场景化的服务，达到感知、车、人的自主交互，IVI 和 HMI 无缝结合，推送交互信息和请求，降低人与车的交互负担，实现机器自主 / 半自主决策。如图 1-12 所示，汽车才能成为一位具备智慧的生活助手和生产力能手。

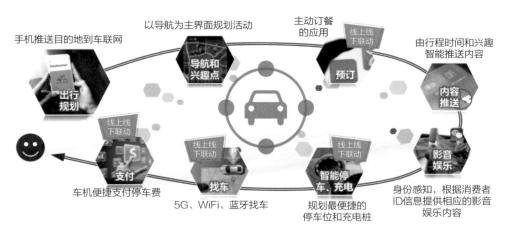

图 1-12　智能座舱交互场景示例

1.5　汽车智能座舱的技术路径

在中国这个世界上最大的汽车市场，汽车智能座舱的发展具备天时、地利、人和的必要条件。

"天时"上，车作为"衣食住行"的重要一环，以智能化为代表的第四次技术革命与汽车行业息息相关，新能源、自动驾驶、智能座舱等领域必将成为主流的"科技角斗场"，唯科技领先才能傲视群雄。

以电动化、网联化、智能化、共享化为代表的汽车产业百年变革持续深化，汽车不再仅仅是交通工具，其将扩展成为日常移动生活空间的延伸，用户对乘坐体验要求更高，智能座舱普及加速。根据 ICVTank 数据（图 1-13），2022 年全球智能座舱行业市场规模达 461 亿美元。中国拥有全球最具发展潜力的汽车市场，2019 年中国智能座舱市场规模已经达 441 亿元，预计 2025 年市场规模将达 1030 亿元，2017—2025 年的复合增长率为 13%，发展潜力巨大。

"地利"上，相较于国外品牌，中国品牌在这方面起步更早，发展更为迅

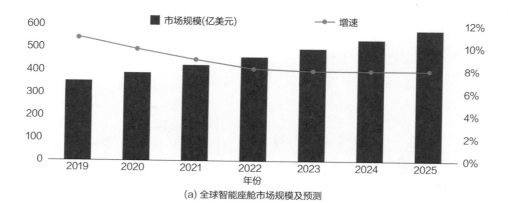

(a) 全球智能座舱市场规模及预测

(b) 中国智能座舱市场规模及预测

图 1-13　汽车智能座舱产业规模预测

数据来源：ICVTank、前瞻产业研究院、汽车之家研究院

速。尤其是这些新兴智能配置的差异化，不仅仅直接成为中国品牌竞争市场的优势，更随着渗透率的加大，如图 1-14 所示，使用户逐渐形成使用习惯，如面部识别、OTA 升级、抬头显示（HUD）等，用户喜爱并愿意为之付出更高的购车成本。

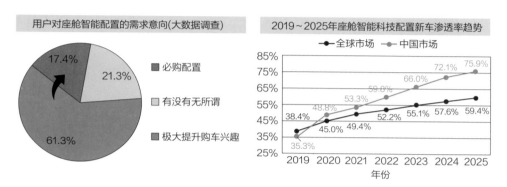

图 1-14　智能座舱配置用户需求意向及新车渗透率
资料来源：IHS Markit

实际上，种种因素造成电动车同质化严重，如果想从竞争中脱颖而出，差异化的智能座舱是个必选项。

"人和"上，智能座舱的发展受消费者需求驱动。消费者对智能汽车的配置及功能需求从满足生理需求向自我实现转变，智能座舱已经占据了较大决策比例。

根据 IHS Markit 在 2021 年的调研结果，座舱智能科技配置水平是仅次于安全配置的前三大类关键要素，如图 1-15 所示，购买决策因素占比也是全球

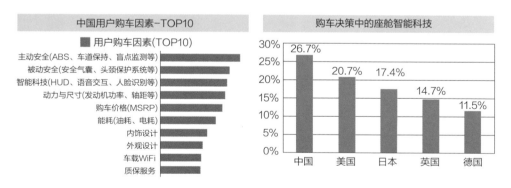

图 1-15　智能座舱配置对购车决策的影响
资料来源：IHS Markit

最高。与其他市场相比，中国用户早已对移动互联网与智能手机形成依赖，所以在座舱智能配置上更容易接受，也更容易形成依赖。

在中国市场，占据着"天时、地利、人和"优势的汽车智能座舱领域，毫无疑问地引来了大量企业，各大主机厂、科技公司、互联网、头部供应链企业纷纷切入智能座舱领域。

技术无论如何升级，其核心是要把用户安全、舒适地从 A 点带到 B 点，智能座舱必然要围绕这个核心需求发挥其功用；再者，结合场景，提升旅途时间质量则是要着重实现的附加需求，而旅途时间不仅包含驾驶时间，也还包括上车、下车、休息等场景，进而催生驾驶模式、休闲模式、游乐模式、商务模式、哨兵模式等，并通过"人 - 车 - 路 - 云"进行连接和共享。

正如前文所描述，汽车智能座舱的技术架构主要由硬件层、系统软件层、功能软件层、服务层和支撑层构成，技术架构奠定了座舱智能化在感知、交互、车云、场景四个维度的发展基础，进而可以达到"拟人化"的自主 / 半自主决策。

汽车座舱的智能化实现中，比较热门的领域有车辆环境感知、多模态交互以及车云结合的车联网，然而也要看到芯片、操作系统、应用算法是必不可少的底层或基础技术，如图 1-16 所示。

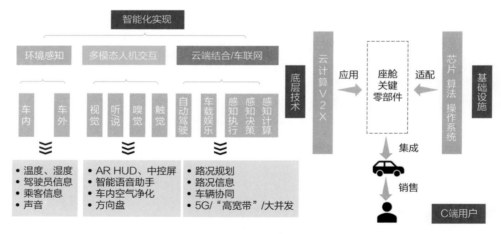

图 1-16 汽车智能座舱智能化实现技术

资料来源：亿欧智库、汽车之家，灼鼎咨询分析整理

（1）环境感知

车辆视觉感知由外向内发展，车内视觉能有效支持多种功能，实现个性化的体验，并有效助力智能化的实现。与此同时，模糊语义、语音上文、语音阵

列等技术的发展，也使得语音的识别能力更为人性化。

（2）多模交互

感知和交互是相互的，以往的座舱以驾驶任务为中心进行 HMI 设计，尤其体现在触屏上。随着感知能力的提升，座舱的"五感"（车内视觉、语音技术、声学、嗅觉和触觉反馈）愈发懂你。多模交互包含多音区/主动式自然对话的语音技术、手势识别、表情/情绪识别、触控反馈以及多模感知 AI 算法等。

（3）车云结合

与云端的结合，使智能座舱在空间场景上拥有更大的想象力，满足用户对于移动互联网的依赖以及个性化的需求，成为实现产品差异化的关键手段。而在未来，打造商务用途、越野用途、家庭用途的车辆，可以打通驾乘人员在不同空间的协同工作模式，与城市基础建设和云端服务联动，形成"人 - 车 - 路 - 云"一体化的趋势。

（4）芯片技术

智能化的程度越深，芯片越重要。作为"一芯多系统"的关键部件，SoC 系统级芯片在智能座舱集成中具有无法替代的作用。其依赖高性能计算能力，可将车内多块屏幕、车载多种系统进行融合，形成独立感知、多模交互和车云结合，称之为汽车智能座舱的大脑并不为过。

（5）操作系统

操作系统（Operating System，OS）指控制、管理计算设备的硬件和软件资源的计算机程序，可以称之为智能座舱的基建。其管理和配置内存，决定系统资源分配，控制输入、输出设备，提供交互界面以及接口和环境的程序集合等。操作系统犹如遍布全身的神经网络，支撑着这个机体的运转。

（6）电子电气架构和车载以太网

管理、驱动多个系统子域的功能，离不开电子电气架构和车载以太网。集中式的电子电气架构打破了过去零散的功能子域的割裂状态，结合车载以太网驱动座舱智能化的实现。

智能座舱本质上和自动驾驶技术类似，区别在于自动驾驶输出结果趋于同质化，而智能座舱更加个性化，易于实现竞争的差异化。

智能座舱已经进入数字化的智能化阶段，正成为具有拟人化交互能力的驾驶伙伴，而更加主动、灵敏、情感化的座舱"伴侣"，将是其在很长一段发展周期内的目标。智能化技术赋予汽车感知、思考、判断与决策的能力，在新型人车关系中，厂商不仅要建立起软硬件一体化的座舱体系，充分利用多模感知、深度学习、AI、感知算法、语音技术等技术手段，还要基于场景为用户提供能主动响应、有预判、有默契、高智商和高情商的"移动生活空间 +"。

正如智能座舱的定义，其基于用户需求和应用场景，能主动洞察和理解，因此从技术路径来讲，以上所有提到的技术，将成为智能座舱的"五感""神经网络""大脑""筋络"，按照感知 - 融合 - 决策 - 执行的逻辑，去实现智能座舱的各个里程碑式目标。

第 2 章

智能座舱：感知与融合

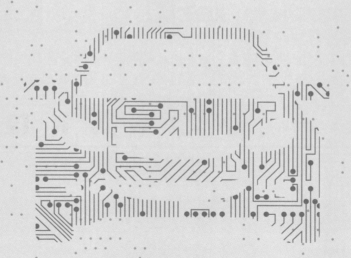

将感知与融合放到一起来讲，是因为两者的总和决定了智能座舱所获得数据和可调度的资源的总和，而任何的计算、决策都依赖于可使用的数据和可调度的资源。

感知好比人类通过五感去接收来自环境或他人的画面、声音、动作、味道、语言等信息，融合则是将来自不同模态的信息进行融合、整合、统一，而大脑在做分析判断时是基于多种模态信息输出结果。

在感知层技术当中，常见的有视觉、语音、触觉、声学等，其中，主要获取感知数据的是视觉和语音，其次是触觉。而智能座舱当中，集其大成的便是座舱监控系统，它未来是智能座舱的中枢。

融合层技术包含数据层融合和系统层融合两种，前者是基于多模数据的融合，后者是因为不同数据服务的子系统的体系是不一样的，故需要其在系统层面打通，从而实现如多屏联动和场景服务等功能。

感知层技术和融合层技术决定了后续计算的难度和决策的精准度，而这些是整套智能座舱的下限要求。

2.1 感知层技术：座舱五感

如图 2-1 所示，感知层是一切主动获取数据和被动接收数据的总和，包含来源于车内外视觉、触觉、语音、雷达等的感知数据，其构成自动驾驶系统或

图 2-1 智能座舱：感知 - 融合 - 决策 - 执行

智能座舱系统计算和决策的基础。

从智能座舱的拟人化角度来看，座舱五感即为车内视觉、语音技术、声学、味觉和触觉反馈等感知技术。智能座舱系统通过感知技术，使得车辆具备洞察和理解人的能力。当拿到感知数据后，系统综合判断座舱乘员的操作意图、生理状态和行为状态，进而结合具体场景理解人的意图，执行交互，提升体验（图 2-2）。

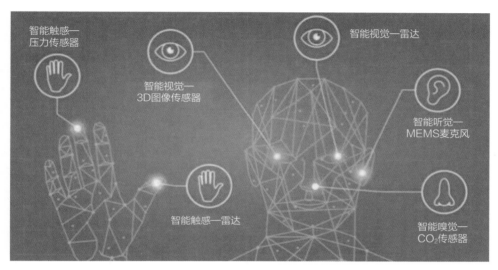

图 2-2　座舱五感

实验心理学家赤瑞特拉做过一个著名的心理实验，是关于人类获取信息的来源实验，即人类获取信息主要通过哪些途径。他通过大量的实验证实：人类获取的信息 83% 来自视觉，11% 来自听觉，这两项加起来就有 94%，还有 3.5%来自嗅觉，1.5% 来自触觉，1% 来自味觉。虽然这个比例在座舱感知手段中并不准确，但是大的趋势是相同的。目前，车内视觉和语音技术正是积极大发展的阶段，是座舱感知的主要手段，同时触觉反馈将有非常大的发展空间。

车内视觉技术的发展和应用进步较快，已经大大增强了汽车的感知能力；再者，语音技术在其原本的阵地之上，不断向自然语音语义前进；随着表面技术的发展，车内的任何部件都能成为智能座舱的眼睛、耳朵和触觉末梢；视觉、语音、触觉的多模交互，使智能座舱成为一位合格的虚拟智能助手。

任何一种感知手段都不是单向的，而是双向的，车辆与人沟通的方式也如此，这正是"拟人化"的显而易见的特征，正如你与一个"虚拟人"沟通或交互时，也是通过视觉、语音、声觉、触觉、味觉等人类的五感进行并完成的。

感知与交互的双向，使得感知 - 融合 - 决策 - 执行如同人的五官 - 大脑 - 身体一样，在介绍感知技术的同时，也会就各自的交互方式、技术、算法、效果进行阐述。

此外，位于云端的服务层和应用层的数据，也需要被考虑进来。

2.1.1　感知数据获取途径

正如上文所述，感知数据获取的途径主要是视觉感知、语音技术、触觉感知等。在智能座舱的科技树中，一般将感知算法分为语音类与非语音类。语音类感知算法包括单模语音与多模融合。非语音类感知算法分为视觉、声学、多模融合、触觉、云服务，如图 2-3 所示。

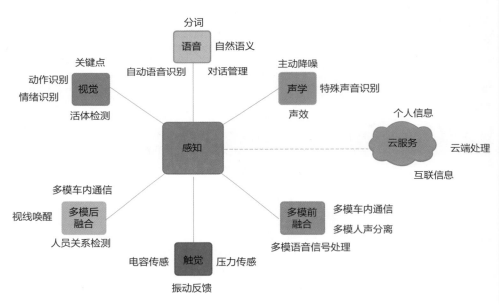

图 2-3　感知交互手段

语音：基于单模语音交互技术，如语音识别、自然语义、声纹识别等。

视觉：基于图像信息、TOF（Time of Flight）等传感器算法的技术，如人脸识别、手势识别、活体检测、情绪检测、瞌睡、抽烟等。

声学：指非语音交互范围的声学相关技术，包括降噪、回声消除、声音事件检测、声场调控等。

多模前融合：将多种模态深度渗透、深度融合的技术，如人声分离、多模语音识别等。

多模后融合：基于单模的感知结果进行感知处理后，再对结果进行融合计算。

触觉：基于人与车内硬件通过接触的方式，进行感知和交互的技术。常见的如触屏交互，而质量传感器、压力传感器、电容传感器、振动电机等可以让相关硬件成为触觉反馈的渠道。

云服务：云端数据根据需求，通过通信网络，即时输入到车载计算平台进行计算，甚至云端亦可以处理并输出结果到车辆。

传感器是智能座舱实现最准确环境感知能力的重要零部件，如车载摄像头、DMS 摄像头、IMS 摄像头、麦克风阵列、毫米波雷达、体征监测传感器等。座舱传感器在实现语音识别、人脸识别、触摸识别、生物识别等功能中发挥着关键作用。传感器数量及精度的提升，将会更大程度地推动座舱向娱乐化、舒适化、安全化发展。

2.1.2　视觉感知技术

基于视觉感知的心理学研究表明，人类接触的信息，视觉的占比为 83%。计算机视觉技术将从图像和视频中获取高阶、抽象信息的能力赋予计算机，视觉技术是多模技术的重要基础。

在智能座舱领域，计算机视觉技术包括神经网络学习，配合各类车载摄像头，使用高效的 AI 芯片计算、存储、传输图像信息，使得图像监测、目标跟踪、识别分辨率、视频理解和感知技术得到深度的发展。结合到应用领域，进一步发展到人体部位检测、活体检测、人脸识别、手势识别、视线跟踪等领域，如图 2-4 所示。视觉感知技术为智能座舱发展提供了最为根本的能力。

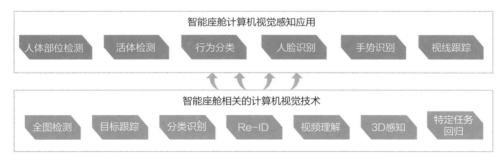

图 2-4　视觉感知应用

资料来源：IHS Markit

人脸识别，可以直接将人脸作为用户的唯一 ID，并与云端的信息进行比对、协调、整合，产生多重价值；而唇部识别，也可以用在语音技术的输入当中，协同、融合，产生复合价值；眼睛生物体征是视线技术的重要组成；身体的关键点检测，则是行为识别的基础结构。

（1）人体姿态识别与跟踪

人体姿态估计，可以对人体关键点（Human Keypoints Detection）进行检测和估计，是计算机视觉的基础任务，是人体动作识别、行为分析、人机交互等的前置任务。进一步来看，人体关键点检测可以应对单人 / 多人场景和 2D/3D 关键点检测，并对关键点进行跟踪，从而进行人体姿态跟踪，如图 2-5 所示。

图 2-5　人体关键点检测和姿态跟踪

（2）活体检测

当我们在使用保密程度较高的 App 时，需要进行人脸识别，但同时还要求被识别的人做指定的动作，如眨眼、张嘴、摇头、点头等组合动作，这正是活体检测技术的应用，即通过对真实生理特征进行检测，对人脸关键点进行追踪，从而验证为用户的活体操作或本人操作，如图 2-6 所示。

（3）行为分类

借鉴感知学理论建立迭代的行为识别策略，建立随机文法推理和动态概率网络模型相结合的分层行为模型，建立基于行为分解的动态概率网络结构设计方法。

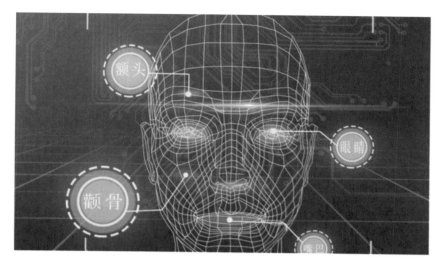

图 2-6　活体检测

（4）手势交互

当人类咿呀学语时，最常使用的手段是手势交流和肢体语言，尤其是在还没有语言和文字传承时，手势交流是本能。基于视觉的手势识别，包含手势分割、手势特征提取、静态手势识别、动态手势识别，并直接与计算机视觉进行交互。通过定义手势的特定含义，从而直接控制计算机进行特定运算。手势识别和肢体语言在语言和文字诞生后，并没有那么便利和精准，因此在使用时要考虑精确性、安全性。手势控制与用户场景相结合，同时协调与整合语音及人体追踪，拥有广阔的发展空间。

（5）视线交互

在智能手机和 AR/VR 游戏中，视线追踪常被使用，即通过视线追踪技术确定视线注视位置、眨眼频率、瞳孔刺激反应等。回归到汽车领域，除了实时获取驾驶员的视野并做盲区提醒，以及疲劳驾驶时及时给出提醒之外，还有如视线焦点追踪、亮屏和分身提醒等功能，以提升驾驶安全性。

（6）情绪识别

情绪识别也是计算机情感计算的一个重要组成部分，研究内容包括表情、心率、生理信号、语音等，从而自动辨别个体的情绪状态。情绪驾驶是造成交通安全危害的原因之一，对情绪进行识别并做适当提醒，甚至调节，是利于汽车安全驾驶的。

当前，视觉感知技术主要大规模应用在座舱监控系统上，当然这个系统还要依赖更多的感知手段，如语音、红外、毫米波雷达等感知和交互的手段。

2.1.3 语音识别技术

语音感知与交互是车内最简洁、最人性化、最安全的交互方式，也是目前最主要的感知和交互手段，未来亦然。

最初从微软的 mobile me 开始，语音就广泛用在电话和音频开启等场合，接着，各个主机厂都有了自己的语音助手。

Voicebot 的调研显示，94% 的人表示会使用车载语音控制，超过 47% 的人表示未来肯定会依赖语音控制，如图 2-7 所示。

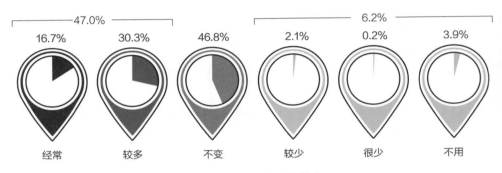

图 2-7　语音使用的频率

Voicebot 最新调查显示，约 60% 的人在购买车辆时会考虑到车载语音控制，如图 2-8 所示。

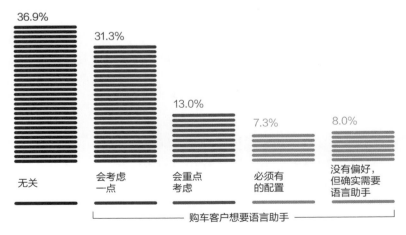

图 2-8　语音控制在购车时被考虑的程度

从不同用户场景以及语音使用的频率来看，智能座舱在一些方面还有广阔发展空间，如家居控制、购物和订阅、出行预订等。

智能语音交互涵盖唤醒、识别、自然语义理解、合成等，这当中的核心是自然语义理解。不同于早期拨打电话的识别几个词组或固定格式，自然语义基于对自然语言的理解进行感知和交互。把目光放到智能座舱的未来，除了声纹识别，语音里还可以包含车主的情绪，所以可以通过自然交互去调整座舱的氛围。

AI 智能语音的原理

车载语音处理是结合本地和云端共同进行的，本地的麦克风阵列拾取人声，进行 ADC 模拟数字转换，过滤噪声和背景音，再上传到云端进行自动语音识别（Automatic Speech Recognition，ASR）和自然语言理解（Natural Language Understanding，NLU），识别后返回，在本地转化为命令或规划给汽车执行。随着未来车机处理能力的增强，本地的处理内容会更多，时延更短更稳定，如图 2-9 所示。

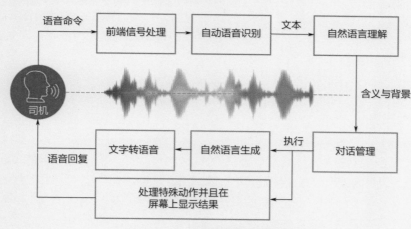

图 2-9　AI 智能语音技术原理

（1）前端信号处理

麦克风接收到语音后，前端进行信号处理、回声消除以及降噪，以供下一步处理。

（2）ASR 自动语音识别

语音数字化，分解或解析口语问题中的自然语言，以便机器识别每个单词。挑战性在于，语音是有口音、语调甚至背景噪声的，因此这种转译并不总是完全准确。两个重点，第一个是芯片处理速度，第二个是芯片处理算法。因此，现代 ASR 引擎利用云端高可扩展性的计算服务，并应用自动语音识别（ASR）算法将短语快速解析为词单元。

（3）NLU 自然语言理解

NLU 作为最为困难的一步，即将单词翻译成机器语言，同样，其困难在于如何在口音、方言等的干扰下，准确识别意图、剔除歧义。这需要开发人员开发和创建规则和模型去"训练"，以理解和确定用户的意图。例如，以下话语可能都具有相同的意图：请调高空调温度、我太冷、我觉得很冷。只有正确理解了用户的意图，才可以做出正确的行为。

（4）DM 对话管理

真正智能的语音是可以对话的。例如，一种场景是"导航去星巴克"，结果你突然想到店铺有没有活动或者你要上洗手间，你也许会补充"优惠活动"或者"洗手间"。只有能够识别到补充语句，并将其考虑进整个对话场景中，才能称之为智能语音，这就是对话管理。在用户与系统之间，存在一个动态交互的序列，这意味着这个对话序列中，需要一种适宜的管理策略去处理任务的定义、优先级、避免误解等，只有如此，才能使得对话更自然和智能。

（5）NLG 自然语言生成

NLG 自然语言生成即使用机器语言，包括本土的语法规则和词典，进行交互式响应，输出可被理解的单词和句子，实现人机交流。

（6）TTS 文字转语音

TTS 文字转语音即将文本借由语言模型合成为音频以模拟人声的过程。这可以让机器读出信息、导航文本叠加明星口音等，应用场景特别广泛。

对于这六大部分，虽然有很多开源的技术，但是真正难的依然在于语义理解。只有借助大量数据累积和语义模型积累，才能够达到自然交流的终极目的。实际上，生硬的语音会让人觉得很傻，对于车机的好感度也会降低，这就需要人工智能进一步发展，需要对知识库进行不断总结和有针对性的训练。

显然，AI 智能语音是未来自动驾驶座舱的重要发展领域，对其加以拓展，将更多的应用接入 AI 智能语音的生态之中，与视觉感知和交互一起，成为智能座舱感知体系的基石。智能语音交互的应用场景如图 2-10 所示。

图 2-10 智能语音交互的应用场景

2.1.4　触觉交互技术

在希腊语中，Haptics 意为触觉，现在 Haptic or Tactile Feedbacks 表示触觉学 / 触觉交互技术。触觉交互技术通过作用力、振动等系列动作，使得用户再现触感。这种力学刺激被应用于计算机模拟的虚拟场景或虚拟对象的辅助创建和控制。

借助触觉交互技术，消费电子设备制造商可以在其设备上为特定的互动体验创造与众不同的个性化触觉反馈，从而为消费者提供更具价值且更加逼真的独特体验。

触觉交互技术通过硬件与软件结合的触觉反馈机制，模拟人的真实触觉体验。从感受输入的角度，可分为对体表和皮肤内感受器刺激两类。手机上的"振动"就是一种表皮触觉交互技术，但"振动"其实只是触觉交互技术领域的很小一部分，且在车内单独的振动反馈表现并不好，如很多触摸振动按键的客户投诉就很多。

那么如果想提高触觉交互技术的精确度和信任度，不但要从电子工程和机械学角度进行结构、电子的设计，还需要从心理学角度考虑，如人体对振动频率的敏感度，还有材料质地和纹理感等。此外，如果结合其他的联动触觉反馈，如视频和音乐效果，可以更加准确地重建触感，以弥补单独机械反馈的不明确性，增加安全性。

在实际应用案例中，最为基本的接触时的反馈元素有分割、凸起等；在智能座舱的深度融合的场景之中，如看电影，会配合座椅加热、振动、通风，还有空调的冷热风变化，配合面部触感实现超 3D 的体验。

在汽车的应用场景中，可以应用触觉交互技术的地方很多，如图 2-11 所示，有座椅、触控面板、各类按键区域、方向盘等。

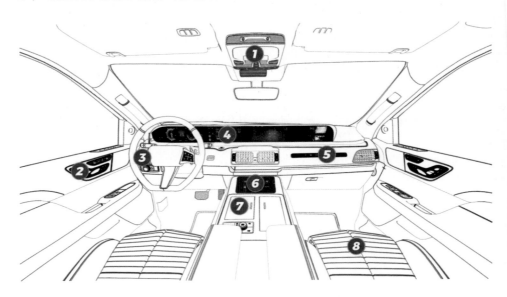

图 2-11　智能座舱触觉应用场景

1—车顶控制区；2—车窗触控开关；3—方向盘触控开关；4—中控触屏；
5—内置触控面板；6—空调面板触控开关；7—触摸板；8—座椅提醒

人们开车时，注意力可能转移到多个事物上：路况、乘客、收音机和其他辅助的噪声。因此，在汽车触摸屏上下达指令时，人们很难分辨是否成功完成了操作，而触觉反馈可以及时传递操作已被系统成功接收的信息，这比仅依靠视觉或听觉提示要好得多。触觉反馈是目的明确的、及时的和辅助性的，使用触觉反馈，可避免扰乱和分散用户的注意力。

触觉交互具有以下明显优点：

❶ 安全。将信息直接传递给用户，无须对屏幕扫视确认，无须将视线转移。

❷ 自然控制。触摸控制对人类来说更直观、更自然，无额外的认知负荷。

❸ 隐私。人与车之间可以离散地通信，无须展示或公布内容及细节。

❹ 更敏感。人类触觉感应的空间分辨率高，实验表明，人类可以从光滑表面区分高度 13nm 的纹理图案。

❺ 反应快。触觉反馈比视觉反馈快。

触觉传感器通常被安装在易于接触的地方，如方向盘、仪表板、座椅、头枕等处，如图 2-12 所示。

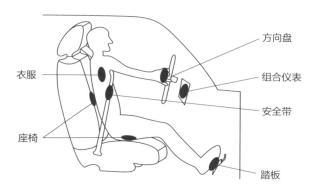

图 2-12　驾驶中身体触觉区域

车内触觉传感器可测量很多参数，如多模态传感、空间分辨率、弯曲性和灵活性、响应时间、耐久性等。通过力学传感器、压力传感器、电容传感器、接触点位置传感器等提取到这些信息的同时，也可以通过振动、温度等方式将警示信息传递给司乘人员，如图 2-13 所示。

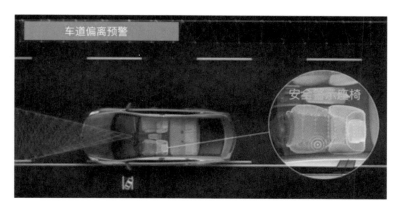

图 2-13　振动触觉安全警示座椅

在智能座舱中，触摸交互渐渐无缝集成到车辆内饰表面中，如电容开关和力学传感器预制在织物或表皮材料下，进而可以用在座椅面套、顶棚、门板、中央控制面板中。

此外，还有中空纤维、导电纱线/纤维、印刷导电油墨、压阻涂层等，都可以作为各种导电传感器或电容传感器的载体或组成部分，而且编织物是 3D

可弯曲变形造型（图 2-14），进而可以测量动作的角度、幅度等，可对精细行为进行测量，从而扩展了触觉交互的范围。

(a) Xsensor-智能
动态传感器

(b) Tekscan-压力测绘、
力学测量和触觉传感器

(c) 针织电容式
纺织品传感器

(d) 基于压阻碳纳米管的
可穿戴和可拉伸传感器

图 2-14 织物纤维传感应用

更有基于气动和超声的方法，借由空中手势，在不接触任何表面的情况下，进行触觉交互。

而在触觉反馈中增加手势、语音、视觉等多模态的交互形式，以保持持续性反馈，这对于提升驾驶安全性和驾驶员体验有着深远的意义。毫无疑问，触觉交互技术的发展和普及会衍生出更多突破性乃至开创性的应用，其将加速"触觉互动"的跨时代进程。

Amara 法则说，我们常常高估科技的短期影响力，而又低估其长期影响力。互联网在进入万物互联的三维化时代后，现实与之交融，人机交互越来越丰富。

2.1.5 声学感知技术

这里的声学感知技术，是指非语音交互范围的声学相关技术，常见的如降噪、声场调控、声音事件检测、特殊紧急声音识别等。声学在驾驶相关任务的环境感知中起着重要作用，可以对传统的视觉、语音、触觉感知进行补充。

（1）多音区识别

通过做声场的 MIC 阵列，结合人声分离技术，在车内实现多音区、多路语音识别，使得车内每个用户都被照顾到。利用车内高灵敏度麦克风阵列，通过声源定位、盲源分离以及降噪算法，可实现对不同位置乘客的语音指令的精准区分与识别，可快速和精准地响应乘客对于导航、音乐、视频等多种需求，如图 2-15 所示。

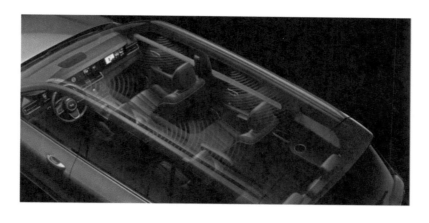

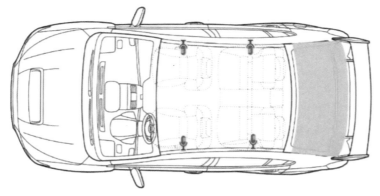

🎤 麦克风安装位置

图 2-15　麦克风阵列技术

（2）音乐头枕

乘客都希望收听自己偏好的音频，都希望在车内通话的时候不会外放。借鉴耳机的原理，如果在头枕周围或乘客附近（如顶棚上的扬声器）创建个人音频区域，其实现手段包含独立扬声器、高频声场等，就等同于有了私人的耳机或音场，可极大提高舒适度和驾乘乐趣，如图 2-16 所示。

（3）AI 声学感知

麦克风不仅存在于车内，也可以放置于车外，以进行外部监测。例如，对外部的警报器、紧急车辆、突发情况甚至行人进行监测，如图 2-17 所示，通过数据的积累和 AI 学习，使其具备更良好的预测精度。由于声学不受场景外观、光照条件等影响，故其作为其他模态的辅助感知，非常有前景。

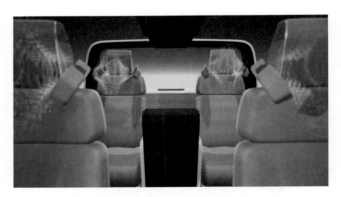

图 2-16　音乐头枕

图 2-17　AI 声学感知

（4）NVH

NVH，即噪声、振动、声振粗糙程度（Noise，Vibration，Harshness），作为汽车座舱的重要属性之一，直接关系到座舱的舒适度。汽车在行驶过程中，有发动机噪声、电动机电流噪声、路噪、风噪等多种综合噪声。具有较好的NVH 的车，更舒适、更安全。另外，噪声的质感，也是影响用户体验的重要部分，稀稀拉拉的噪声比沉稳的声音更让人讨厌。

噪声本质上是声波，也有振幅和频率，从噪声特性来看，利用"正反"相叠，可以降低噪声强度。这项技术通常被称为 ANC（Active Noise Control）主动降噪，被大量应用在耳机上。

根据物理学理论，频率相同、相位相反的两列波相遇时，会产生干涉和叠加。所以，只要设计出一个状态完全相反的波，就可以降低强度，消除噪声，如图 2-18 所示。

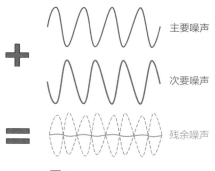

图 2-18　ANC 原理

　　ANC 主动降噪系统按照系统结构大致分为三类，即前馈型、反馈型和混合型。

　　前馈型 ANC 系统结构如图 2-19 所示，主要包括参考传感器（得到参考信号用来控制次级噪声的产生）、次级扬声器（产生用来抵消刺激噪声的初级声信号）、误差传感器（检测系统的残余噪声）和自适应控制器（调整次级声信号）。误差传感器得到的误差信号一方面用来监测降噪性能，另一方面用来调整控制滤波器的权系数，通过不断地更新迭代，使次级噪声逐步抵消初级噪声干扰。

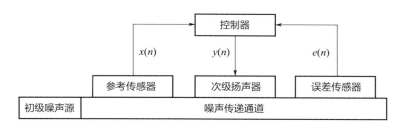

图 2-19　前馈型 ANC 系统结构

　　反馈型 ANC 系统结构如图 2-20 所示，与前馈型 ANC 系统的区别在于没有参考传感器，不直接获取初级噪声信号，其思路为用次级噪声 $y(n)$ 和误差

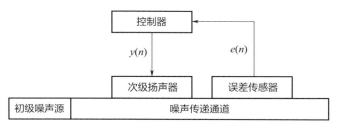

图 2-20　反馈型 ANC 系统结构

信号 $e(n)$ 估计初级噪声大小。反馈型 ANC 系统较适用于周期性强、带宽较窄的噪声信号控制。

除此之外，还有混合型 ANC 系统，其既包含前馈控制器又包含反馈控制器。

主动路噪消减技术（Road Noise Cancellation，RNC）与 ANC 原理一致，其只是在噪声数据采集上不同，增加了底盘等特定位置的振动传感器与车内麦克风，以采集路噪数据信息，再发出反向的声波抵消路噪，如图 2-21 所示。

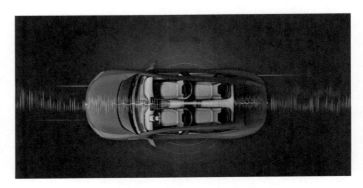

图 2-21　RNC 主动路噪消减

2.1.6　座舱监控系统

座舱监控系统（In-Cabin Monitoring System，IMS）包含驾驶员监控系统（Driver Monitoring System，DMS）和乘客监控系统（Occupant Monitoring System，OMS）。在这里单独设置一节来进行介绍，是因为座舱监控系统是集合多模感知的手段，包括云端服务，协调和整合感知数据，使得座舱成为一个可交互的独立体，也成为未来智能座舱重要的组成部分之一。

它可以抑制驾驶员分心，从而避免事故；它持续监测驾驶员的状态，如图 2-22 所示，并在发生危险时提醒驾驶员；它帮助监测后排儿童的状态，以便提供适时的照顾；在 L4 及以下的自动驾驶下，它实时掌控驾驶员是否有能力接管车辆；它还可以根据驾驶员的驾驶习惯和状态，给出建议或主动帮助。

在自动驾驶到来之前，目前的"人机共驾"阶段，疲劳驾驶、情绪驾驶、激进驾驶等主观因素已经成为车辆事故和人员伤亡的主要原因，占比高达 37%，如图 2-23 所示。以 DMS 为例，在 L3 级自动驾驶的设想下，在特殊场景内，驾驶权能否安全交还给司机，以及确保司机有能力接管，都需要系统级的感知和理解，因此驾驶员状态监测尤为重要。

图 2-22　驾驶员监控系统：疲劳监测

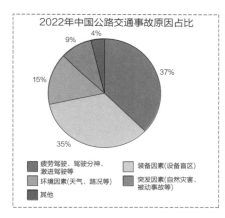

图 2-23　交通事故原因占比

资料来源：亿欧智库

　　DMS/OMS 技术可分为被动式监控技术与主动式监控技术。

　　基于车辆信息的被动式监控技术，是指通过压力传感器、方向盘扭力传感器等监测方向盘扭力、车道偏离警报系统的行车数据、驾驶时长等，并非直接监控驾驶员，误报率高，不具备智能化。

　　主动式监控技术包含基于生物传感器的监控和基于视觉传感器的监控两类。

　　基于生物传感器的主动式监控技术，与可穿戴领域类似，通过生物传感器可以测定特定的健康相关数据，从而监测身体状态，如心跳、血压、眼球追踪、肌肉运动等。此外，还有压力传感器、电容传感器等，如图 2-24 所示。

　　❶ 脑电图（EEG）。用于记录头皮上的电活动，可以代表大脑表层的宏观活动。驾驶员分心的研究表明，EEG 信号是衡量驾驶员疲劳或嗜睡的最确凿的指标之一。

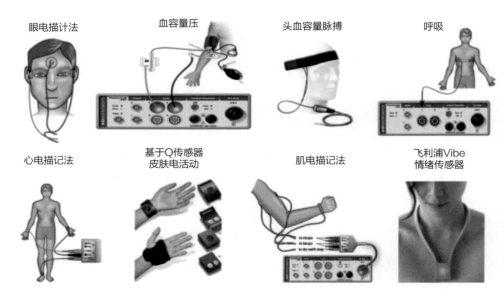

眼电描计法　　　血容量压　　　头血容量脉搏　　　呼吸

心电描记法　　基于Q传感器　　肌电描记法　　飞利浦Vibe
　　　　　　　皮肤电活动　　　　　　　　　　情绪传感器

图 2-24　生理参数传感器

❷ 眼电图（EOG）。提供有关眼球运动和眨眼的信息。驾驶员的认知警觉性以快速的眼球运动为特征，而睡意的发作会导致动作变慢和眨眼频率变慢。

❸ 心电图（ECG）。监测心脏活动和心率。心电图更容易捕获，并且可以提供多种信号，可以揭示驾驶员的警觉状态或者情绪状态。

❹ 体温感应可以反映用户的舒适程度，并根据用户喜好帮助调节车内温度，将数据传输到智能手机或车辆中的电子单元。

基于视觉的主动式监控技术通过部署在方向盘、仪表台或 A 柱等位置的光学摄像头、红外摄像头、毫米波雷达等，获取驾驶员的眼部状态、头部姿态，或打哈欠、打电话、抽烟等行为的图像或视频信息，通过深度学习算法对感知信息进行分析，判断驾驶员当前所处状态，实现驾驶员疲劳监测、分神监测以及危险行为监测。

被动式监控技术存在误报率高、智能化程度低等缺点；而基于生物传感器的监控设备安装不便，整体成本过高；随着 AI 视觉技术的快速发展，基于红外技术和视觉摄像头的非接触式、低成本、高度智能化的主动式视觉技术成为了当下 DMS 的主流技术路线，如图 2-25 所示。

DMS/OMS 的整个决策流程如图 2-26 所示，大致为摄像头 / 传感器进行图像、声学、触觉等感知数据获取与输入，再到感知数据的融合，通过 AI 芯片进行计算和输出指令，最终通过信息娱乐系统（IVI）、车内子系统（方向盘、座椅、

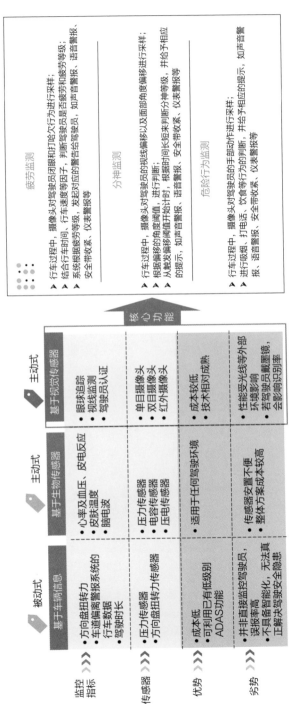

图 2-25 DMS 不同技术原理与优势

资料来源：亿欧智库

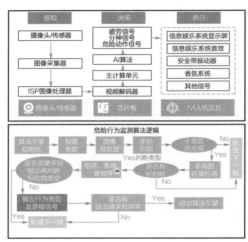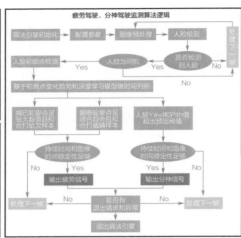

图 2-26　DMS/OMS 的决策流程

资料来源：亿欧智库

麦克风）等执行提醒决策，并持续观察，最终使得座舱得到安全保障。所监测的内容涵盖危险驾驶、疲劳驾驶、情绪驾驶、驾驶分神等。

特斯拉重塑摄像头在车内视觉的地位后，越来越多的新能源车企开始跟进，随着 DMS/OMS 市场的增长，车内视觉乃至座舱监控愈发火热。

虽然 DMS/OMS 以安全驾驶和安全座舱为切入口，但随着 AI 算法的发展、场景需求增长以及多模融合的感知能力提升，其不断与其他功能域和控制域相结合，从而成为一个集感知、计算、策略于一体的中枢，不断为其他功能域提供更加丰富的场景和应用，未来或许还能与商业模式相结合，成为新的价值增长点，如图 2-27 所示。

随着 DMS/OMS 功能的大规模落地成为现实，主机厂和供应商将得到更多的用户数据和反馈，作为未来算法优化的支撑，进而为用户提供更精准和更主动的服务。

在车内视觉感知方案中，包含 2D 平面相机、立体双目相机和 ToF 相机，如图 2-28 所示。2D 平面相机不适应强光或快速光线变换的情况，隐私差，没有深度数据，因此深度学习的资源消耗很大，而且精度也不高；立体双目相机利用视觉差提供深度信息，对光线变换敏感度低，但是标定仍然复杂，消耗资源多，成本高；ToF 相机具备抗阳光干扰、抗光线变化干扰、高隐私、有效距离远、精度高等优势。

DMS/OMS 策略，从场景上，将覆盖更多的极端情况，如傍晚驾驶、雨/雾天驾驶、傍晚+雨天驾驶等；从场景进一步细化特征上，包括车辆（车速、车

驾乘场景

以易引发交通安全事故的场景入手，归纳总结为安全类子场景，优先满足用户基础安全需求

夜间场景　　高速场景　　路口场景　　拥堵场景　　特殊人群场景　异常天气场景　停车场景

DMS为策略中枢

将安全需求作为切入口，以DMS为策略中枢，将智能驾驶、智能交互、智能座舱进行多功能化、多域化发展

智能驾驶
【智能操作体验】

驾驶功能

辅助驾驶、地图导航

车辆控制

应用
ADAS
技术

智能交互
【信息输入/感知手段】

被动接受：用户输入

以触屏/语音等方式同步需求

主动感知：主动识别

以视觉/语音AI技术感知
场景及用户行为

应用
座舱AI
技术

智能座舱
【智能化服务体验】

场景引擎

用户主动选择、设置场景模式

结合多维信息主动预测用户需求

用户偏好理解

基于Face ID实现信息整合

后市场、生活、娱乐服务体验

精准感知　　　　　　　　智能预测　　　　　　　　主动服务

图 2-27　DMS/OMS 的应用前景

资料来源：亿欧智库

	ToF相机	2D平面相机	立体双目相机	结构光
算法处理硬件成本	低	极高	高	中
算法复杂度	低	高	极高	中
整体成本	低	高	高	中
体积	小	小	大	大
响应速度	快	慢	中	慢
阳光等外部光线影响	无	严重	中等	严重
低照度影响	无	严重	中等	无
有效距离	远	远	有基线限制	近
深度数据精度	中	无	高	低
功耗	低	低	中	高
隐私保护	好	无保护	无保护	好
应用	三者解可	主要是DMS	DMS与手势	DMS与手势
标定	无	中等	很麻烦	很麻烦

图 2-28　视觉感知方案对比

资料来源：佐思汽研

灯、刹车力）、驾驶员（基础信息、行为特征、情绪特征）、乘员（行为特征、情绪特征）以及环境（天气因素、时间因素、道路等级、道路形态）等多方因素。结合场景和细化特征，对于 DMS/OMS 的产品策略可以做到定义安全场景、提前预警、提前车辆设定（雾灯开启、车速建议、预计时长）建议，做到主动感知、主动交互，如图 2-29 所示。

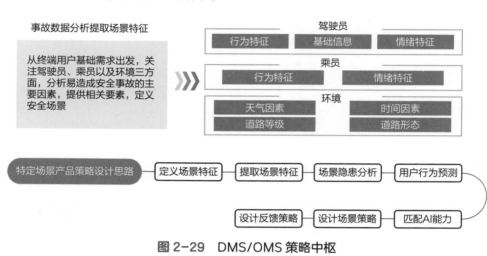

图 2-29　DMS/OMS 策略中枢

资料来源：亿欧智库

2.2　融合层技术：价值火山

　　数据本身是中性的，万物皆可数据。数据的源头复杂，使之天然缺乏流动性。数据的标准化程度高低，使得其用途、结构、价值和质量差异较大，从而导致数据的提取、整理、分析和使用的难度加大，并且随着数据量的增加，数据使用的成本也在大幅度上升。

　　因此，数据必须走聚集到融合的过程，才能产生应有的价值。而将数据的价值基于用户需求和体验，进行融合、挖掘、解析和应用，才能倍增数据价值，打开新的价值火山。

　　融合包含宏观空间、基础设施、车辆、驾驶员、座舱和车辆控制。从技术层面看，有数据层融合与系统层融合。

　　融合是决策的前提。

2.2.1　数据价值火山

大数据是人类生产和生活的数据积累从量变到质变的必然，是信息技术进一步升级和深化的重要途径。

IBM 提出大数据的 5V 特点：Volume（大量）、Velocity（高速）、Variety（多样）、Value（低价值密度）、Veracity（真实性）。

回到汽车行业，就是让汽车到汽车、汽车到基础设施、汽车到行人、汽车到网络 / 云端之间实现信息高速传输、相互连接、协调沟通，基于统一的协议实现人、车、路、云之间数据互通。

对于汽车智能座舱而言，车内不再是仅仅提供娱乐服务，而是扩展为健康与安全、生活管理、娱乐空间、游戏中心等。对比诸多功能的实现，道路信息、车辆数据、基础设置、个人信息、云端数据等，如同身体的血液，是感知、融合、决策、执行的基础。

数据的重要性不言而喻，海量的数据虽有着安全冗余的需求，但是数据有着天然的低价值密度、来源格式不一、流动性差等特点，因此谁能够将数据融合，捅破量变到质变的那一层窗户纸，谁就能够将异构系统的界限打破并融合，且拥有更多可能性，从而满足用户的不同需求。数据价值链条见图 2-30。

图 2-30　数据价值链条

2.2.2　人车路云一体化融合

从宏观的角度来看，未来的世界是像素的世界，汽车世界的一个微小的单元——公路已经被像素化，在高精度地图、GPS 和北斗系统相互配合下，每台车像是奔跑在一个一个像素点形成的城市公路网上。

结合卫星导航系统、高精度地图、车联网、惯性质量单元的参数，汽车参与道路运输和载人活动，并在数字智能化时代成为生活和工作空间的延伸。从智能座舱的角度来看，从感知层接收到的数据，必然需要进行感知数据的融合，同时结合车辆本身的速度、位置、环境、适用场景等状况，以及云端信息，进而进行决策。

（1）车辆状态参数

连续状态的车辆参数如图 2-31 所示，有速度、加速度、偏移等。常用的传感器包括惯性测量单元（IMU）、航向传感器（陀螺仪和倾角计）、车轮编码器、高度计、转速计。这些传感器获取的数据不仅服务于自动驾驶，亦是智能座舱的车辆状态参数来源。

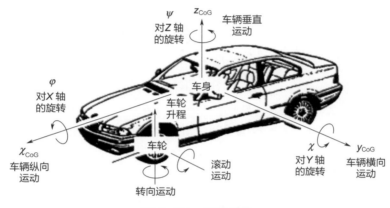

图 2-31 车辆参数

（2）环境参数

除了车辆自身参数之外，还必须知道所在道路的交通状况，如拥堵、车祸、红绿灯、限行情况，依托于高速的 5G/6G、星链等网络基础设施，车辆和城市道路的摄像头、红绿灯等基础设施互联，即 V2X。此外，还有天气、能见度、空气质量等环境参数。

要真正实现无缝的体验，还要把用户家居的信息、工作任务等都通过云端整合到车内，使其作为生活和工作空间的延伸，完成家居的设定、处理待完成的工作任务等。

（3）座舱监控

座舱监控系统包含驾驶员监控系统和乘客监控系统，整个系统集成多模感知的手段及云端服务，协调和整合感知数据，使得座舱成为一个可交互的独立体。它持续监测驾驶员的状态，并在出现危险时提醒驾驶员；它帮助监测后排儿童的状态，以便提供适时的照顾；在 L4 及以下级别的自动驾驶下，它实时监测驾驶员是否有能力接管车辆；它还可以根据驾驶员的驾驶习惯和状态，给出建议或主动帮助。

（4）个人信息

基于人脸识别、虹膜识别等唯一的身份认证，可将一个人的一切设定，由云端下载到不同的车辆之中，让每台车都能为这台车的驾驶者、乘坐者提供个性化服务。

（5）云端数据

云端数据同样是感知数据的重要组成部分，其承载了个人信息、部分环境信息和部分车辆信息。云端还可以作为语音感知的知识库，甚至可进行计算任务，参与人车路云一体融合的过程。

图 2-32 展示了人车路云一体化融合的数字孪生世界。

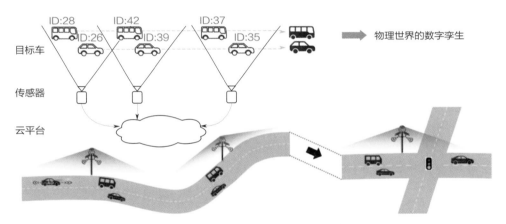

图 2-32　人车路云一体化融合的数字孪生世界

如图 2-33 所示，每一辆车都有着自己的速度、加速度、目的地、车辆状态等信息，汽车不仅仅是与人沟通，还与路、与其他车、与设备、与基础建设进行交互，使之真正成为"移动生活空间+"。

（6）车路云一体化协同

单从车路云一体化融合来看，其包含了智能网联汽车与路侧智能系统进行路侧信息融合、实时精确数字映射、标准互联互通，实现边缘信息融合、协同应用计算，如图 2-34 所示。

基于新一代移动互联、云计算等手段，通过网联化的跨域感知和融合控制，显著提升道路交通的综合性能，构建起"三层四级"云控系统架构，如图 2-35 所示。

三层服务架构：基础层、平台层、应用层。

➤ 自动驾驶
➤ 车路协同
➤ 车路云一体化

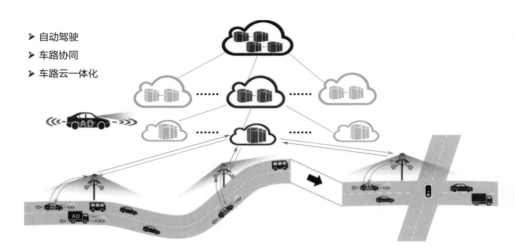

图 2-33　人车路云互联

四级物理架构：车载端、边缘云、区域云与中心云。

协同感知：静态协同、动态协同。

车路云的协同感知，使得汽车具备"上帝视角""全图优势"，可更加便利地进行风险评估，并支持多个空间的协同管理和控制。

（7）OTA

空中下载技术（Over the Air，OTA）按照升级对象分为 SOTA（Software Over the Air）和 FOTA（Firmware Over the Air），即对软件升级和对固件升级，如图 2-36 所示，对象涵盖汽车动力控制系统、信息娱乐网联系统、安全控制系统、底盘控制系统、车身控制系统、自动驾驶系统等多个系统。按照 OTA 路径分为云端、车端和车载通信终端三部分。

云端：云诊断/质量管理、关键重要部件管理、版本管理、功能扩展、任务升级、数据分析等，同时与车端数据实时同步。

车端：主要负责下载云平台通过软件管理端传输下来的软件包和 App 应用服务等，同时还负责验签、解密、安全刷写、差分诊断、差分还原、状态上报等工作。

车载通信终端（T-Box）：是车端与互联网连接的接口，其包含 OTA Manager 和 Update Agent 两个重要软件，OTA Manager 控制车载 ECU 的更新，Update Agent 则兼容不同的车内通信网络和通信协议（包括 CAN、以太网等）。

跟汽车智能座舱相关的云平台所能云同步的内容包括：

❶ 汽车软件管理：汽车软件、App 以及相关数据管理、算法管理等。

❷ 信息娱乐网联系统：T-Box、CAN 总线、GPS 模块、以太网、HUD、车

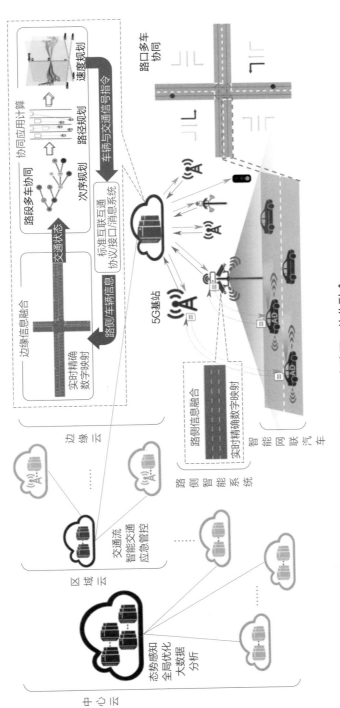

图2-34 车路云一体化融合

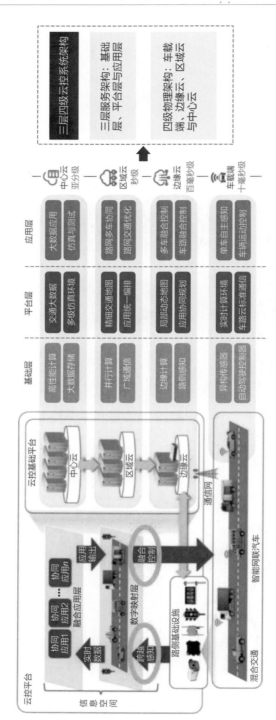

图 2-35 "三层四级"云控系统架构

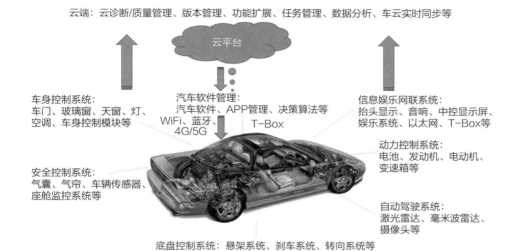

云端：云诊断/质量管理、版本管理、功能扩展、任务管理、数据分析、车云实时同步等

云平台

车身控制系统：
车门、玻璃窗、天窗、灯、空调、车身控制模块等

汽车软件管理：
汽车软件、APP管理、决策算法等
WiFi、蓝牙、
4G/5G　　　　　T-Box

信息娱乐网联系统：
抬头显示、音响、中控显示屏、娱乐系统、以太网、T-Box等

动力控制系统：
电池、发动机、电动机、变速箱等

安全控制系统：
气囊、气帘、车辆传感器、座舱监控系统等

自动驾驶系统：
激光雷达、毫米波雷达、摄像头等

底盘控制系统：悬架系统、刹车系统、转向系统等

图 2-36　OTA 内容

载音响、中控显示屏、娱乐系统等。

❸ 视觉雷达系统：毫米波雷达、摄像头、夜视系统等。

❹ 车身控制系统：车门、仪表盘、门窗、天窗、车载诊断系统（On-Board Diagnostics，OBD）、车身控制器（Body Control Module，BCM）、车辆照明系统、温控系统等。

❺ 安全控制系统：安全气囊、碰撞传感器、制动防抱死系统（Antilock Brake System，ABS）、乘客监测、降噪单元等。

OTA 经历了从零部件 OTA 到整车 FOTA，再到企业级 OTA 的阶段。在国家监管 OTA 后，未来其将向全产业链协调的产业级 OTA 方向发展，在保证安全的前提下，解锁更多的关键 OTA 领域，为高度协同的全产业链和大数据积累预埋硬件和进行预测性软硬件升级，使得汽车获得持续改进和常用常新的能力。

OTA 升级阶段大致可以分为四个阶段：SOTA 阶段、FOTA 阶段、整车及企业级 OTA 阶段、产业系统级 OTA 阶段。随着 E/E 架构进一步集中化、OTA 安全性提升、产业协同提高、数据积累加深，OTA 升级将加快普及。OTA 升级见图 2-37。

SOTA 阶段，主要对某些单个的零部件或非关键功能 ECU 进行 OTA 升级。

FOTA 阶段，为固件 OTA，难度远高于 SOTA，主要是应用软件的升级。

整车及企业级 OTA 阶段，整车意味着从零部件或单一功能升级扩充到整车多个功能域升级；再者，整车 OTA 可以打通车企旗下所有车型，使车企内部的各系统合作加深，使软件开发能力得到整合和提升，直至形成成熟的软件

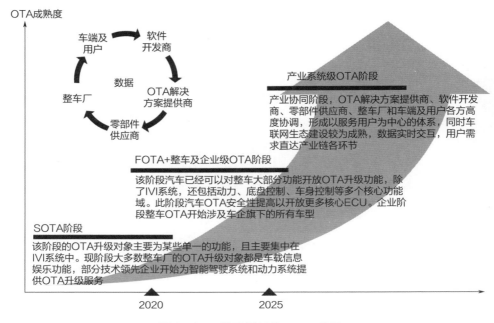

OTA成熟度

车端及用户 → 软件开发商

数据

整车厂

OTA解决方案提供商

零部件供应商

产业系统级OTA阶段
产业协同阶段，OTA解决方案提供商、软件开发商、零部件供应商、整车厂和车端及用户各方高度协调，形成以服务用户为中心的体系，同时车联网生态建设较为成熟，数据实时交互，用户需求直达产业链各环节

FOTA+整车及企业级OTA阶段
该阶段汽车已经可以对整车大部分功能开放OTA升级功能，除了IVI系统，还包括动力、底盘控制、车身控制等多个核心功能域。此阶段汽车OTA安全性提高以开放更多核心ECU。企业阶段整车OTA开始涉及车企旗下的所有车型

SOTA阶段
该阶段的OTA升级对象主要为某些单一的功能，且主要集中在IVI系统中。现阶段大多数整车厂的OTA升级对象都是车载信息娱乐功能，部分技术领先企业开始为智能驾驶系统和动力系统提供OTA升级服务

2020　　2025

图 2-37　常用常新的 OTA 升级

开发体系。

产业系统级 OTA 阶段，随着软件驱动汽车发展的时代来临，汽车软件开发体系成熟、产业链分工扁平化、通信技术设施不断完善、政策和法规愈发完整，将保证更多开放的升级权限，OTA 升级覆盖面和升级体验都将得到大幅度提升，赋能汽车拥有更强大的迭代潜力。

如图 2-38 所示，典型的 FOTA 流程分八个步骤：

第一步，授权给电信运营商。

第二步，上传更新的数据到电信运营商的服务器中。

第三步，OTA 的活动编排，包括与驾驶员和车辆的确认、对比前后软件版本及大小、提出差分包、询问驾驶员升级安排。

第四步，车载 T-Box 下载更新包，储存在中央存储器中。

第五步，更新包加载在中央网关 ECU，由中央网关分发到目标 ECU。

第六步，目标 ECU 确认无误。

第七步，激活，旧软件在 A 区，新软件在 B 区，新软件不会对旧软件造成任何中断，检测到真正重启后，即以 B 区启动，如果发现有误，则自动回滚到升级前的状态，并将这个错误回报云端。如果准确无误，就激活新软件。

第八步，回报云端服务器。

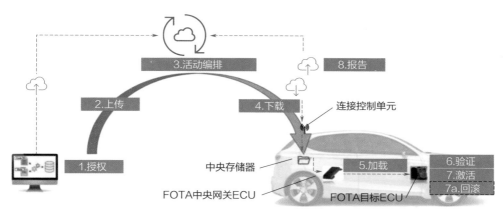

图 2-38　典型的 FOTA 流程

2.2.3　数据层融合

以上从宏观产业角度和软件驱动汽车的角度介绍了融合和协同，接下来，继续回到智能座舱的座舱之内。

在座舱内，摄像头、麦克风、红外线、毫米波雷达等各个感知系统都在采集数据，集合人、车、厂的数据形成大的数据平台。结合场景，多模感知数据的融合将产生质的飞跃。本小节主要从数据层展开介绍。

传感器的竞争，正在从车外走进车内。

针对企业生产具有自动驾驶功能的汽车产品，国内相关政策已经明确指出，应当确保汽车产品至少满足系统失效识别与安全响应、人机交互、数据记录、过程保障和模拟仿真等测试验证的要求。

首先，座舱内越来越多地搭载用于人脸识别、疲劳监测、分神监测的摄像头，再搭载了毫米波雷达用于舱内生命体征监测，还有未来与包括脉搏、体温等传感器的融合，基本实现了 360° 的全覆盖，使得座舱不仅安全，还拥有足够的冗余。

随着整车电子架构及功能的集成度进一步提升，驾驶员和乘客的监控"离散"系统方案（DMS 和 OMS）将走向融合。未来智能汽车的目标，不仅仅是自动驾驶，还要对驾驶员及乘客的意图有深刻理解、能够满足驾驶相关需求和非驾驶相关需求。

基于语音、视觉、声学及触觉等多模态交互将是实现这一愿景的关键组成部分。集成疲劳提醒、语音识别、视线检测、手势交互、情绪识别等主动人机交互技术，车内和车外感知的界限越来越模糊，无缝交互体验正成为新的趋势。

语音、氛围灯、智能座椅、车内摄像头等智能化配置已实现各自场景感知与交互，同时车内模式可以根据驾驶、休息、办公、游戏等不同场景进行转化，打造智能、互联、灵活、舒适的个人车内空间。诸如此类的特定需求，必将需要语音、视觉、声学及触觉等多模态融合算法的高效处理支持。如图 2-39 所示，一个对象可被多个传感器感知，产生的初始感知数据，以相互补充、相互比较、相互配合的融合方式，最终形成需要的融合感知数据，用以决策。

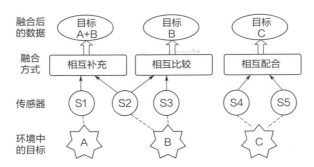

图 2-39　多模数据融合

实现更具智能化、更懂你、更强无缝交互能力的座舱，除了需要更高效的芯片，更需要一个安全稳定、高效流畅且能快速响应的操作系统进行计算和决策。这方面内容将在下一章展开讨论。

数据之间的协同，在数据融合层的目的是实现高精准率、高可靠性、高效低本。例如，科大讯飞汽车座舱多模感知系统，依托其独立自主研发的深度机器视觉和语音算法，采用视觉语音双模融合感知技术，提供了业界领先的汽车座舱多模人机交互和驾驶安全守护技术解决方案，包含多模语音、人脸识别、视线追踪、疲劳监测、分心检测、行为检测等座舱安全监测核心功能，具体如下。

❶ 高精准率。综合精准率高，免唤醒功能可实现 24h 少于 1 次误触发。可完成 Yaw±90°、Pitch±45°和 Roll±45°方向内大角度姿态下的标准检测。

❷ 高可靠性。高鲁棒性，适应复杂光线环境、嘈杂场景。克服了佩戴眼镜、佩戴口罩、方向盘、自遮挡、动作等各种遮挡复杂环境场景的影响。

❸ 高效低本。纯软解决方案，智能座舱 SoC（System on a Chip）就可运行，不增加硬件成本。支持 Android NN，全功能 CPU 占用低至 8K DMIPS，轻量版 CPU 占用低至 5K DMIPS。

然而这还不是终点，在未来，如果要达到无缝、直觉式的感知与交互，还需要融合更多的传感器数据，使智能座舱真正具备独立的感知能力，多模相互印证。例如，车辆惯性测量单元 IMU、GPS 和外部摄像头等外部传感器可确定车速、识别车道；方向盘角度传感器预测转向角并计算转向误差，作为驾驶员分心的间接提示；具有 YOLOv4 和 Faster R-CNN 等架构的深度神经网络（DNN）已与外部摄像头连接，可以监测交通中的其他车辆、行人、标志，以确定驾驶的稳定性。

立体摄像头、红外摄像头、ToF 传感器、舱内毫米波雷达和 RGB-D 传感器等内部视觉传感器已被广泛用于识别驾驶员和乘客的活动、意图和行为，如打电话、发短信、手离开方向盘等危险行为，或者打哈欠、眨眼、眼球活动等面部活动；关于疲劳和分心的指标，包括闭眼百分比（PERCLOS）、眼睛离开道路时间、打哈欠次数等；危险行为可以通过内部摄像头、RGB 相机进行检测；而生理可穿戴传感器，如肌电图（EMG）、脑电图（EEG）、心电图（ECG）、皮肤电活动（EDA）、眼电图（EOG）和心率传感器也已用于检测分心。

感知数据的融合，解决了座舱监控系统的精准率、可靠性和成本效率问题，目的是让决策层和前端执行层更好地契合用户场景，提升交互体验。

人机交互系统的核心是多模态交互，对应技术是多模感知的算法融合技术，从被动交互走向主导交互，实现个性化推荐、多模意图理解、多模态输出等。

多模语音是典型的多模融合技术，该技术深度融合了语音和唇部视觉信息，在前后端都可以借助于此提升算法性能，从而精准实现误唤醒率降低、多音区控制，达成多模意图理解。纯语音算法无法解决高噪声背景下的指标下降，而多模语音方案则能更简单地解决"谁说了什么"的问题，这与人类在嘈杂环境中的处理方式一样，通过唇语或者姿态语言去判断语义。典型的多模语音技术案例如图 2-40 所示。

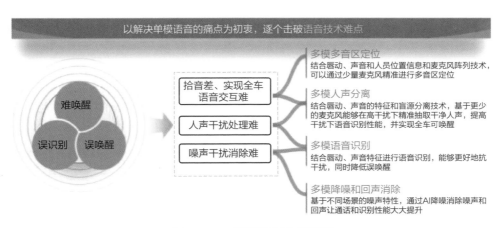

图 2-40　多模语音技术案例

资料来源：IHS Markit

多模语音的融合方案分为前融合和后融合，如图 2-41 所示。前融合即以一个模型对多种感知数据进行融合处理并输出结果；后融合则是先对不同来源数据分别进行感知处理，再对其结果进行融合计算。

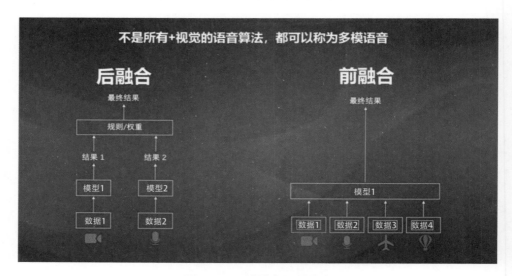

图 2-41　前融合和后融合

前融合在数据补全和精度上有着绝对优势，但同时也面临着数据来源、时空同步等难题，后融合在于解析和融合的深度不够。

感知算法是智能座舱环境感知的重要基石，未来，感知算法将向时序感知、立体建模、多模态学习和半监督/自监督学习发展。

（1）从单模感知走向时序感知

当前，大多数落地方法均基于单帧感知进行分析，之后在功能实现时再进行较为简单的多帧融合处理。对于依帧时序上下文的行为识别来说，单帧感知存在局限。结合时序信息，才能对动作和语言的起止和详细特征进行更好的展现。

（2）从平面感知走向立体建模

汽车座舱是一个多人空间，驾乘人员与车载设备的相互关系建模对于高质量的交互感知至关重要，如前后排辨识、语音分区等。此外，空间的立体建模可以对精细化手势和高精度视线提供技术支撑，从而获得更为细腻的交互体验。

（3）从单模态走向多模态学习

人体通过五感与外部建立信息交流，达到"人与人""人与物"的交互，计算机辅助感知也以此建立了类似的多种类别的感知模态。大脑不单单是只通过一种感知去判断人或物的行为和状态，而是多种感知模态的综合判断。因此，对于机器感知系统而言，多模态学习才能达到更高的准确率。

（4）从监督学习走向半监督/自监督学习

个性化和场景化的用户需求是智能座舱发展的重点，当然这要求感知算法有自我学习的能力，而且大量小样本学习的挑战很大，因此，实现基于小样本的半监督/自监督学习意义重大。

2.2.4　系统层融合

以多模感知数据融合为驱动，结合云计算，除了更高效的芯片，更需要一个安全稳定、高效流畅且能快速响应的操作系统。由于数据来源不一、功能域不一、微控制单元（Microcontroller Unit，MCU）不同、异构系统的存在，只有在系统层面上实现融合，才能使得数据融合、算法学习和迭代成为可能，给汽车智能座舱带来深层次的智能，从而增强体验，如图 2-42 所示。

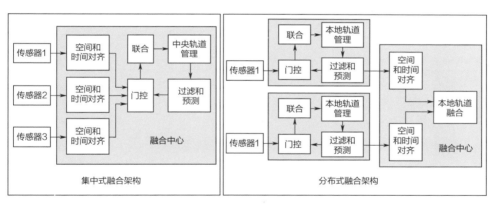

图 2-42　集中式和分布式融合架构

例如，现在比较常见的"跨屏互动"，正是异构融合式座舱 OS 的体现。从操作系统的视角来看，车内所有屏幕都是应用的分布式呈现，系统的融合技术将数据和服务进行融合，让汽车内的各个终端融为一体。

如人车路云一体化融合中所介绍，在 EEA 集中化、高算力芯片、软件开发能力提升等推动下，智能座舱的跨域能力得到加强，如座舱域与自动驾驶域融合。最新的智能座舱解决方案中，不仅实现了一芯多屏座舱域控制，还能在高算力和多摄像头的支持下，实现低速辅助驾驶与座舱域的融合，从而支持360°环视和智能泊车。此外，还有基于高通 SA8795P 芯片布局座舱域和自动驾驶域的域融合，计划于 2024 年实现量产。

而目前正积极探索的中央式电子电气架构的整车舱驾合一平台，其硬件采用插拔刀片式设计，结合跨域的 SOA 软件平台，用一套中间件来支撑自动驾驶和智能座舱各自的需求，从而实现整车多域间的感知融合、算力分配，并推动跨域融合的应用。即将硬件和功能原子化，通过组合形成应用，如图 2-43 所示。

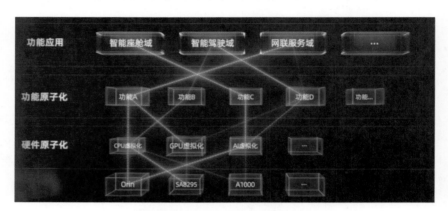

图 2-43 原子化硬件和功能

基于面向服务的架构（Service Oriented Architecture，SOA），其软硬件解耦已成必然，座舱软件平台产品也正从碎片化向模块化、标准化、原子化逐步演进，且呈现分层设计趋势——操作系统、中间件、基础软件平台、应用软件平台、应用生态服务等分层设计布局。

软件平台模块化、标准化、原子化，可显著缩短软件开发周期，简化开发流程，同时应用软件与服务可根据不同需求定制，为用户提供差异化功能及体验。

例如，东软睿驰的域控制器软件开发平台 NeuSAR DS（Domain System），可提供域控制器 SoC（System on a Chip）与 MCU 上的整套底层软件系统、虚拟化支持，涵盖了整套开发流程所需的软件栈、工具链及针对典型芯片的工程适配，以实现整车视角的 SOA 设计与开发，如图 2-44 所示。

与此类似的，大陆集团推出的模块化多用户软硬件框架 CAEdge，提供了一个软件密集型的汽车架构开发环境，可大大缩减开发周期、降低开发总成本，如图 2-45 所示。

映驰科技推出了多域融合软件平台 EMOS，整合了增强型 AutoSAR AP 以及传统 CP，覆盖了整车中央计算单元、自动驾驶域、座舱域，所有模块与服务都通过标准化的模式来开发，可实现服务与其他模块兼容性的最大化，如图 2-46 所示。

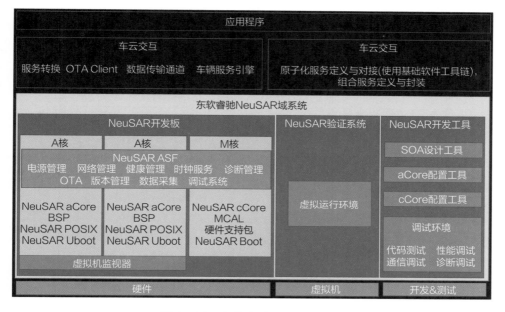

图 2-44　东软睿驰 NeuSAR DS

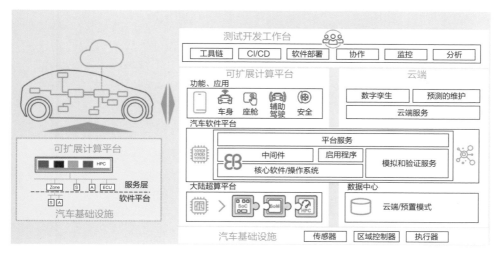

图 2-45　大陆全栈软件平台 CAEdge

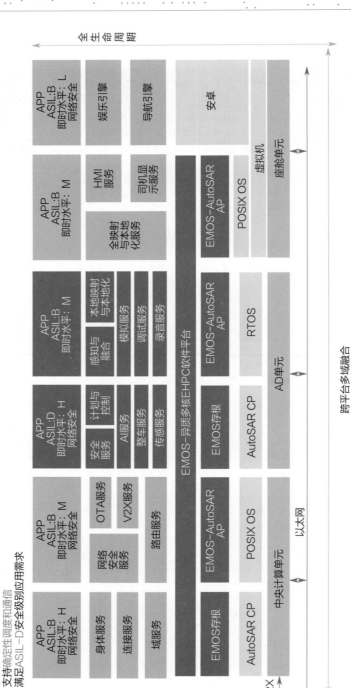

图2-46　映驰科技多域融合软件平台EMOS

主机厂的未来座舱规划布局如表 2-1 所示。

表 2-1　未来座舱规划布局

主机厂	未来座舱规划布局	
	硬件	软件
奔驰	高通座舱 SoC/ 与英伟达深度合作高阶芯片	自研 MB.OS（2024 年）
大众 / 奥迪	E³ 2.0 架构继续进行域集成开发，减少 ECU	开发统一的可扩展的软件平台 SSP，采用大众汽车的操作系统 VW.OS 2.0（2024 年）
丰田	采用瑞萨最新 R Car 座舱 SoC	自研汽车 OS:Arene（2025 年）
现代	采用英伟达 Drive 平台	自研 CCOS 联网汽车操作系统
广汽	最新车云一体化集中计算 EEA 星灵架构（2023 年），搭载高通 8155/8295 芯片	智能操作系统 G-OS（星河智联打造） 未来座舱采用 SOA 服务体系架构，实现硬件即插即用，软件常用常新
上汽	基于高通第四代座舱 SoC 打造零束银河智能座舱解决方案（2023 年） 打造舱驾一体计算平台 HPC，具备模块化、可扩展的软硬件一体化计算平台，融合智能化交互体验与高阶自动驾驶（L4 级）	打造硬件可插拔可换 +SOA 云管端全栈软件平台
吉利汽车	旗下公司自研座舱 SoC E01，E02，芯擎科技 SE1000 等；高端车型也采用高通 SoC	与亿咖通、Zenseact 等实现整车操作系统以及核心软件算法自研能力
小鹏汽车	自研域控	软件向 SOA 服务化演进
理想汽车	自研中央域 + 座舱域	自研车载操作系统 HELiOS

在软硬解耦的大背景下，一个多域融合的软件开发平台，加上能够融合各个独立系统的操作系统以及融合中间件，可以称之为软件定义汽车的基础设施建设。

接下来探讨现阶段的智能座舱操作系统的设计，其采用的方案在系统软件中很常见，即基于虚拟机 Hyperviser 技术来支持多个操作系统。典型的是 QNX+ Android+ 应用级融合中间件的方案。

在 QNX+ Android 方案中，汽车中控屏幕等对实时性和安全性要求较低，采用宏内核的 Android 系统，液晶仪表则选择实时性和安全性较高的微内核系统 QNX，再通过第三方中间件的技术，对部分数据和服务进行应用级融合。这种方案体现在用户端，则是车内所有的屏幕成为应用的分布式呈现，背后是一个个独立的智能终端，两个操作系统间通过第三方中间件的技术对部分数据和服务在应用级实现融合。

TogetherOS™ 采用面向下一代域集中式和中央集中式车载 SoC 平台设计，即可通过虚拟化来承载 Linux、Android 等操作系统，满足车载各个不同功能域的操作系统需求；又可基于高度灵活性和可扩展性的 OS 架构，来支持少核简单和多核复杂的应用场景。

从上述创新方案的架构来看，清晰的路径就是，在软硬解耦的大背景下，底层标准硬件、操作系统和中间件将成为基础底座，OEM 或者 Tier1 只需要在此基础上拓展上层应用，同时针对多个功能进行算法的集成。

虚拟机监视器：Hypervisor

Hypervisor，也称虚拟机监视器 VMM（Virtual Machine Monitor）。

在集中式架构下，一个 SoC 上将同时运行智能座舱、自动驾驶以及各自子应用系统等功能，它们不论是在功能安全、信息安全、实时性还是算力需求层面都有不小的差异，且这些功能目前都是用不同的操作系统（Linux、QNX、Android、RTOS 等）去实现。汽车行业统一的操作系统很难诞生，那么如何在一个 SoC 上部署多个不同的操作系统，成为了集中式架构必须直面的问题。

因此，虚拟机 VM（Virtual Machine）已经成为座舱电子不可或缺的软件系统。在虚拟化环境下，物理服务器的 CPU、内存和 I/O 等硬件资源被虚拟化并受虚拟机监视器 Hypervisor 的调度。多个操作系统在 Hypervisor 的协调下可以共享这些虚拟化后的硬件资源，同时每个操作系统又可以保存彼此的独立性。

Hypervisor 全面接管物理服务器的 CPU、内存、硬盘、网卡等硬件资源，并把它们抽象成逻辑资源池，按需分配给每个虚拟机。通过 Hypervisor，每个虚拟机都能独立使用自己的虚拟 CPU、内存、硬盘、网卡等硬件资源。

举例来说，座舱电子通常有三个 OS：一个是强调实时性的仪表 OS；一个是丰富功能的娱乐 OS；还有一个弱 ADAS 功能，如 360° 环视、DMS/OMS 的 OS。通常这些都可以称之为 Guest OS。

根据 Hypervisor 所处不同层次和 Guest OS 对硬件资源的不同使用方式，Hypervisor 被分为两种类型：Type 1（裸机类型）和 Type 2（寄居类型），如图 2-47 所示。

在 Type 1 中，Hypervisor 直接运行在物理硬件之上，向下直接管理所有硬件资源，向上通过 Hypervisor 创建多个虚拟机 VM，在虚拟机上安装操作系统及部署应用。

在 Type 2 中，物理硬件上先安装一层操作系统，利用操作系统管理所有硬件资源，操作系统上再安装 Hypervisor，后面操作同 Type 1。

在汽车领域，由于实时性及安全性要求，目前主流选择 Type 1 方案。

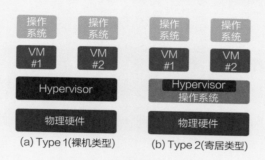

图 2-47　Hypervisor 类型

Hypervisor 直接与物理外设打交道，需要运行在特权（Privilege）模式，在过去没有虚拟扩展（Virtualization Extension）的情况下，客户操作系统（Guest OS）和客户应用程序（Guest Application）只能都运行在 De-privileged 模式，如图 2-48 所示。

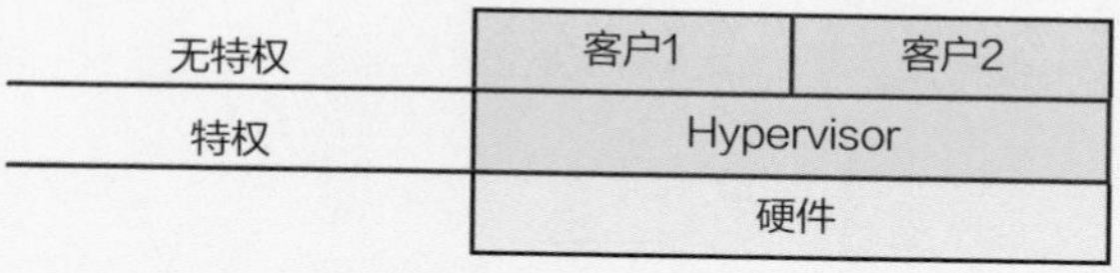

无特权	客户1	客户2
特权	Hypervisor	
	硬件	

图 2-48　虚拟机权限

目前常见的 Hypervisor 及其应用如表 2-2 所示。

QNX 是公认的最成熟、安全程度最高的座舱虚拟机操作系统，成本也是最高的。QNX 虚拟机采用虚拟 CPU 模式，如图 2-49 所示。

QNX 使用基于优先级的虚拟 CPU 共享模式，每个虚拟 CPU 拥有自己的优先级和时间任务安排序列（Scheduling），确保高安全优先级 OS 能够从低优先级 OS 那里抢占更多的物理 CPU 资源，如图 2-50 所示。

各 OS 之间可以共享设备 I/O 界面，有助于降低成本，缩短开发周期。

在 GPU 虚拟方面，QNX 引入仲裁机制，优先为高安全等级 OS 提供 GPU 资源，如图 2-51 所示。

表2-2 主要Hypervisor应用实例

参数	QNX	ACRN	XEN (Mobica)	COQOS	L4RE	VOSySmonitor
入门费/万美元	21	免费	免费	15（估计）	免费	免费
代码行数	20k	25k	290k	30k	31k	100k（估计）
主导企业或机械	黑莓	英特尔与Linux基金会	Linux基金会、Mobica、ARM	松下	德国大陆汽车旗下Elektrobit	法国VOSyS
支持SoC平台	英特尔A3900系列、NXP I.MX8系列、高通820a系列、瑞萨R-CAR 3	英特尔E3900、A3900系列	联发科MT2712	高通s8155、NXP I.MX8、NXP S32G、瑞萨R-Car 3	瑞萨R-CAR 3	MT2712、瑞萨R-CAR 3、Xilinx Zynq UltraScale+ MPSoC、瑞萨RZ/N1D
安全等级	ASIL D	—	—	ASIL B	—	ASIL C
量产实例	斯巴鲁力狮和傲虎、路虎卫士、广汽AionLX	奇瑞星途、长城F7、红旗	下一代丰田低端车型（估计）	下一代日产顶级车型（估计）	大众最新迈腾（估计）	—
Tier One支持	伟世通、电装、博世、马瑞利	三星哈曼、东软、LG	—	松下、佛吉亚电子（歌乐与Parrot）	德国大陆汽车	—
中国区支持	中科创达、南京诚迈	英特尔中国		上海智充信息		

图 2-49 QNX 虚拟机 CPU 模式

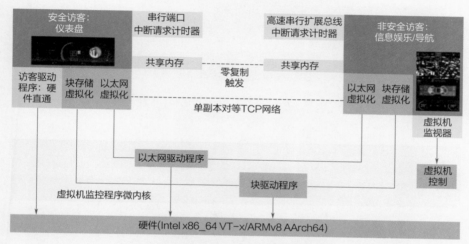

图 2-50 QNX 虚拟优先级共享模式

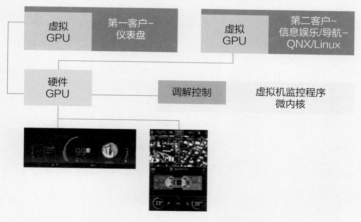

图 2-51 QNX 虚拟机 GPU 模式

全软件虚拟机监视器的优点是软件灵活度很高，可以达到软件定义座舱的程度，也可以减少整体软件开发成本。缺点一是，硬件资源消耗必然不低，因此其多在高通和英特尔平台上见到。缺点二是，虚拟机监视器技术对软件技术不足的企业来说，第三方的支持费用会非常高，如果出货量低的话，远不如使用两套独立的系统。

硬件虚拟机，如德州仪器（图2-52），恰恰是针对以上这两个缺点的。其优点是第三方支持费用会很低，适合出货量不高的系统。其缺点是灵活度不足。

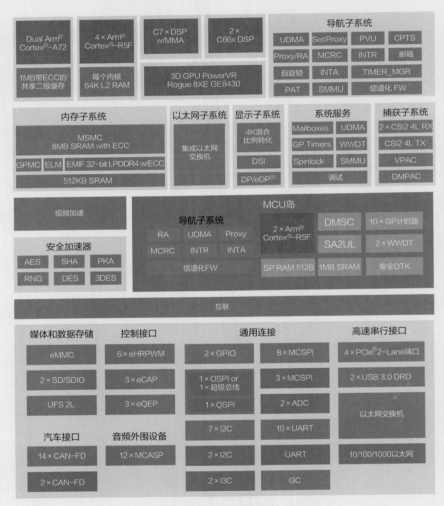

图2-52　德州仪器硬件虚拟机

❶ 设备模拟。Hypervisor 可以创建用户操作系统能访问的一些虚拟硬件组件，是否需要则取决于用户操作系统上运行的应用程序。

❷ 内存管理。Hypervisor 负责为自身和用户操作系统管理和分配硬件内存资源。

❸ 设备分配和访问。Hypervisor 通常可以将硬件组件分配给用户操作系统，并控制用户操作系统实际可以访问哪些硬件组件。

❹ 上下文切换。当 Hypervisor 需要在内核上安排新的用户操作系统时，Hypervisor 必须将在该处理器内核上运行的现有用户操作系统的"上下文"（即操作条件）保存到内存中来"切换上下文"，然后加载新的用户操作系统时，可以从内存中访问新的用户操作系统，而不会中断执行环境。

❺ 捕获指令。用户操作系统可能会根据其访问权限级别执行技术上不应执行的指令。Hypervisor 可以分析用户操作系统尝试发送到硬件的指令，并模拟硬件对用户操作系统指令的响应。

❻ 异常处理。发生异常（即异常行为）时，可以将某些异常路由到 Hypervisor 进行处理。

❼ 虚拟机管理。如前所述，Hypervisor 最终负责启动和停止用户操作系统在其上运行的虚拟机。

虚拟机和 Hypervisor 在物理硬件层面，可以根据功能需求自由分配每个操作系统所需的资源，充分而又灵活地利用高性能的 SoC 的高超运算能力；在功能实现层面，还可按照不同主机厂的需求灵活搭载各种不同的操作系统组合，并运行具有不同算力要求、不同功能安全等级、不同信息安全等级、不同实时性要求的软件，如图 2-53 所示。

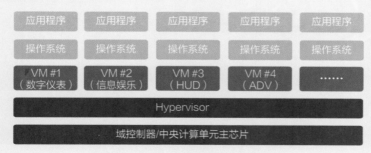

图 2-53 Hypervisor 框架

虚拟机和 Hypervisor 在座舱域的成功应用，使得电子电气架构不断集中化、感知数据不断融合下去，是打开软件定义汽车的大门的一把钥匙。

第 **3** 章

智能座舱：决策

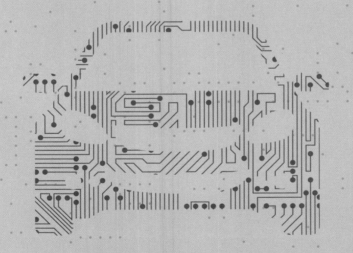

　　无论是自动驾驶还是智能座舱，都离不开感知-决策-执行这个基本逻辑，但在决策层面上，智能座舱决策系统可能不如自动驾驶决策系统更接近于拟人型机器人的角色。与自动驾驶不同的是，智能座舱的决策并不是对于驾驶的路径进行规划，而是对于用户与之交互的内容进行决策，对于哨兵类的安全行为进行判断与执行，为用户提供有预判、主动、无缝的交互体验。

　　智能座舱是根据感知数据和数据融合的结果，通过设定的条件给出决策指令，从而产生交互行为。

　　智能座舱领域以及自动驾驶功能的不断升级，必然伴随传感器数量的增加、芯片算力要求的提高，基于软件定义汽车的共识，芯片、操作系统、中间件、应用算法软件、数据是实现智能座舱的关键因素。

　　在技术层面，随着新一代 EEA 电子电气架构的发展，座舱域正在进行深度的融合，整合部分自动驾驶功能和 V2X（Vehicle to Everything）系统，如在集成仪表中控、后排娱乐、抬头显示（HUD）这些基础功能上进一步融合 360° 环视、DMS、OMS 和部分 ADAS 功能，由此座舱对算力的要求越来越高，推动芯片的制程工艺越来越先进，芯片的迭代速度越来越快，汽车产品的发布周期也随之缩短，部分软件平台实现了标准化、可扩展、开放式的一体化基础软件平台，以实现软硬件解耦、软件功能快速迭代、场景服务和变更开发的快速升级迭代，从而实现个性化和差异化的座舱产品体验。

　　这些技术变化对 EEA 电子电气架构、底层软件及操作系统提出了越来越高的要求。

3.1 软件定义汽车

　　显然分布式 ECU 架构下资源利用效率低，开发成本高，软硬件高度耦合，导致软件模块化程度低、平台化程度低，软件资源协作性很差。站在主机厂的角度，个性化或定制化周期长、成本高。归根结底，分布式的软件架构是一种面向信号的架构，控制器通过信号来传递信息，系统的封闭性不言而喻，不仅升级困难，而且成本昂贵，如图 3-1 所示。

　　以手机为例，从功能机到智能手机，手机架构经历了嵌入式到软硬件解耦、OTA 升级的进化过程。软硬件解耦，使得手机首先是硬件平台，而制造商可以在此基础上进行定制版本开发，开发者则加入这个大的生态，并通过 OTA 升级，常用常新。对汽车而言，其为分布式电子电气架构，软件只能是嵌入式的，

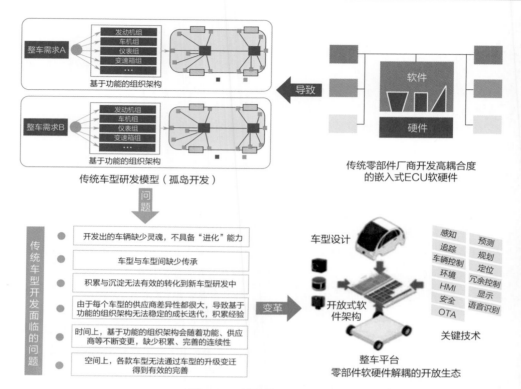

图 3-1　基于信号的架构

资料来源：东软《中国智能汽车软件产业发展趋势洞见》、天风证券研究所

无法做到定制化，因此一些新势力汽车，便把"革命"的锚点之一集中于此，从而促进整车的电子电气架构走向集中式，如同智能手机一样，软硬件解耦，走向以硬件为基础、软件驱动硬件的新高速发展阶段，如图 3-2 所示。

随着软硬件解耦的实现，汽车行业"硬件预埋 +OTA 升级"的新盈利模式应运而生，软件能更新、能有更多赋能，价值量势必增加，软件更新覆盖的范围越大，对于用户反馈的问题解决和改进体验的能力越强和速度越快。

McKinsey 预计，全球车载软件市场规模持续提升，2030 年有望达到 4690 亿美元，2020—2030 年间将实现 7% 的复合年均增长率（Compound Annual Growth Rate，CAGR），如图 3-3 所示。

随着软件定义汽车的深入，处于核心地位的，便是中间件、操作系统、虚拟机等，而各种决策算法必须依附于这些"基础设施"之上。

我们以常用的导航功能为例，传统的基于信号的架构显然已经落后，因为其导航只能限定在导航任务上。除传统的路径规划和车道导航功能外，现阶段

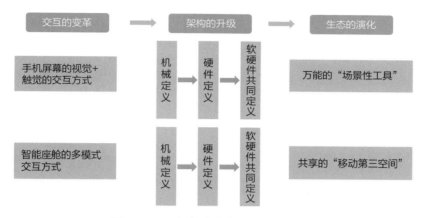

图 3-2　手机与汽车架构升级的对比

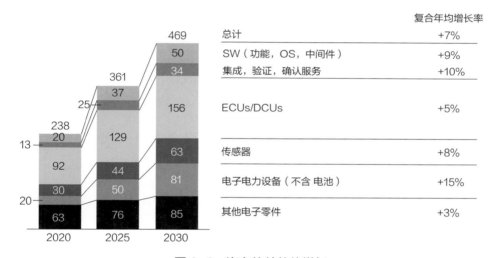

图 3-3　汽车软件价值增长

资料来源：McKinsey、天风证券研究所

智能座舱导航软件主要有四大应用趋势，如图 3-4 所示。

❶ 与车联网功能结合，通过与云端数据平台实时通信，获取实时交通路况信息以及停车场、充电桩实时使用状况等辅助信息，纳入车辆行驶路径规划决策算法中，提供更智能全面的路径规划。

❷ 与车机、液晶仪表、W-HUD 等智能座舱硬件相结合，提供 AR 导航功能。

❸ 获取高精度的定位信息辅助车辆自动驾驶功能，通过全球导航卫星系统、实时动态载波相位差分技术、陀螺仪、加速器等，结合软件算法，提供厘米级

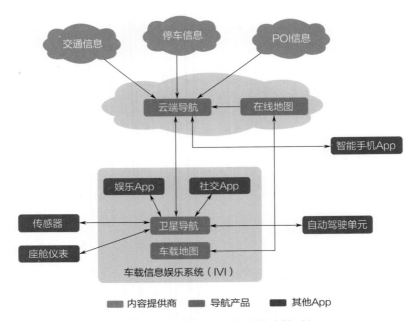

图 3-4　智能座舱导航软件的功能升级

数据来源：赛迪顾问

的定位信息，同时融合高精度地图和车辆环境传感器数据，辅助车辆智能系统的决策算法。

❹ 与社交和娱乐软件相结合构建应用服务软件生态，与附近车辆车主进行实时通信互通，提供求助、答疑、预警等社交类功能，丰富智能座舱的软件生态。

如图 3-5 所示，在一套相对成熟的智能座舱技术体系中，如果将环境感知模块比作人的眼睛、耳朵、皮肤、鼻子，那么决策规划模块就相当于智能座舱的大脑。大脑决策所依赖的是这个决策的底层逻辑，首先是面向服务的架构，即 SOA，然后是基础建设的操作系统，最后才是依附于此的算法和骨干支撑技术。

一个好的决策系统的特征，是非常一致的，即有及时性、交互决策、可靠性、重复性。一个好的决策系统的输出应是安全、舒适的，这是衡量决策系统好坏的标准。

基于决策系统的特征和输出标准，不断在算法上进行迭代学习，未来这种学习将是自我监督 / 半监督的，用户需求不断被洞察，实现的方式将由软件驱动走向软件定义汽车的新赛道。

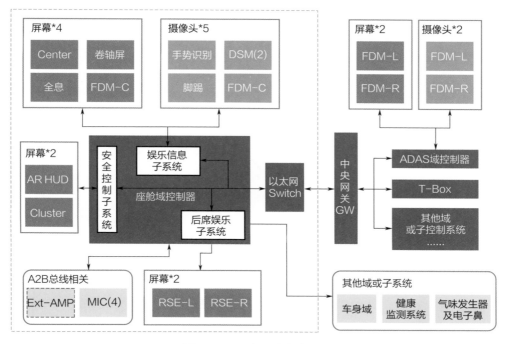

图 3-5 面向服务的架构

资料来源：东软《中国智能汽车软件产业发展趋势洞见》、天风证券研究所

实现软件定义汽车的软件基础：SOA

如上节探讨，从智能手机到智能汽车，再到智能座舱，越来越集中化的电子电气架构是实现软件定义汽车的硬件基础，而面向服务的架构（Service Oriented Architecture，SOA）则是实现软件定义汽车的软件基础。

传统分布式电子电气架构下，汽车采用"面向信号"的软件结构，ECU之间的通信方式为点对点通信。ECU 基于信号的编译是预设的，收发关系和路由信息是静态的。当升级或更新功能时，需要针对的是所有与此信号有关的 ECU 软件，重新回顾网关配置和节点。因此，传统分布式电子电气架构，其信号准确、高效地进行收发和编译才是重点。显然，这种方式无法应对智能化的增长需求，升级成本极高，扩展性差，因此需要一种新的基础软件架构设想，即以集中式电子电气的架构硬件平台为基础的"面向服务的"的软件架构。

面向服务的架构既是一种软件架构，也是一种设计思想和方法论，如图 3-6 所示。在 SOA 架构中，每个应用程序按不同服务进行拆分，即服务原子化，独立服务之间以定义的接口和协议联系，而且接口是中立的，独立于实现服务的硬件平台、操作系统和编译语言。如此，各种各样的服务可以以一种统一和通用的方式进行交互，使整个软硬件平台具备软硬件解耦、标准接口、易扩展、易部署、易开发、易测试等特点，可以用最小的软件迭代变更应对多变的用户需求，进而推进实现软件定义汽车。

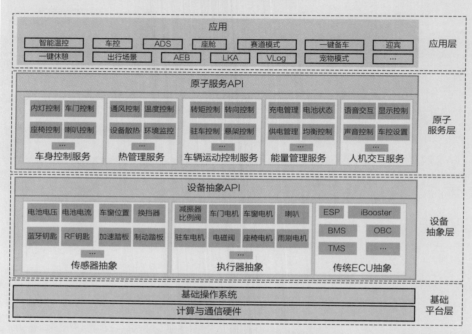

图 3-6 面向服务的架构示意图

SOA 模型主要包括四个层级：应用层、原子服务层、设备抽象层以及基础平台层。不同的服务层级分别对应不同层级的汽车业务逻辑。原子服务作为基本功能单元被调用，然后去服务应用层的各项用户需求。原则上，上层服务调用下层服务，下层服务不调用上层服务，有助于构建清晰简单的 SOA 汽车软件架构。

SOA 灵活性高，支持请求 / 响应模式，支持复杂数据模型，可加快与互联网的互通，并进行大量数据的动态交互，以实现更高效的车载自动诊断系统（On Board Diagnostics，OBD）及空中下载技术（Over-The-Air Technology，OTA）软件升级，可大幅提升影音娱乐功能的用户体验，能够实现不同平台间的应用共享功能，这是封闭性很强的面向信号的架构所不能比的，如图 3-7 所示。

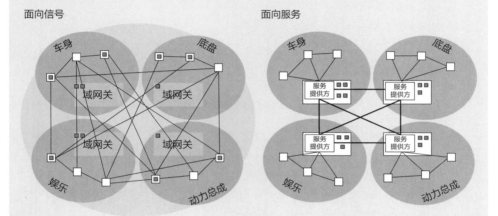

图 3-7　面向信号与面向服务对比

　　同时，各个服务可以由不同团队独立开发，可以缩短车辆开发的时间，这在传统的汽车电子软件开发当中是不可想象的，软件驱动汽车开发的迭代能力一下就体现出来了。

　　SOA 开发流程大概有需求分析、起草软件和系统架构（分解、部署、网络通信）、开发阶段（构建基础组件、现有服务的使用、创建新服务）、OTA 这几部分。

　　SOA 作为"软件定义汽车"的软件基础，可以在汽车智能化（包含智能座舱和自动驾驶在内）上实现真正意义上的软硬件解耦，并由用户、厂家、第三方共同打造跨平台、跨车型、跨品牌的汽车生态，形成以用户体验为核心、各方参与、合作共赢的全新局面。

　　为了实现汽车智能驾驶，通用高性能计算平台是未来新型 E/E 架构的硬件基础，而 SOA 则是软件定义汽车的软件基础。通过 SOA 平台，实现软硬件解耦，终端用户、汽车厂家及第三方开发者携手共建跨品牌、跨平台、跨车型的软件开发能力，打造以用户体验为核心，各方开发者共同参与、合作共赢的智能汽车生态。

车企不只生产汽车，还可以成为移动出行的服务商，提供多种多样服务；SOA软件平台的合作者，可为汽车提供功能优化和体验升级，提供源源不断的活力；用户则根据出行的人数、目的地、道路状态，去选择和配置自己需要的功能，满足个性化需求。

对于智能座舱而言，基于SOA的架构，随着数据、算法、软件的不断积累和迭代，汽车不再是机械式的工具，而是进化为洞察需求、实时交流、主动服务的"个人助理"。

3.2　计算决策系统

汽车智能座舱的计算决策系统，可以称之为座舱的大脑。

可靠、实时、弹性、智能的车载计算平台，其总体架构包含车控操作系统架构和异构分布硬件架构两部分。

车控操作系统架构运行于车载智能计算基础平台硬件及汽车控制单元硬件之上，包含系统软件和功能软件，如图3-8所示。

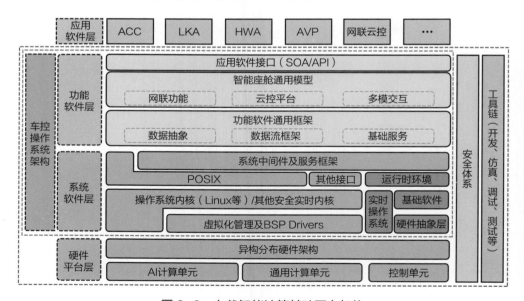

图3-8　车载智能计算基础平台架构

系统软件是针对汽车场景定制的复杂大规模嵌入式系统运行环境，如图3-9所示，一般包含操作系统内核、虚拟化监视器（Hypervisor）、POSIX、系统中间件及服务框架等。

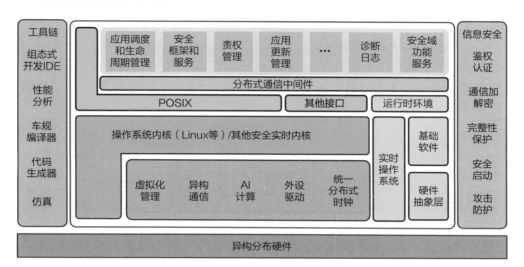

图3-9　系统软件层

前面介绍了 Hypervisor，下面重点介绍智能座舱操作系统。

智能座舱操作系统

操作系统（Operating System, OS）指控制和管理计算设备的硬件和软件资源的计算机程序。操作系统需要管理和配置内存，决定系统资源分配的优先次序，同时控制输入、输出设备的基本功能，且操作系统需要提供一个让用户与系统交互的操作界面，需要合理地调动计算资源、组织计算机工作，以提供给用户和其他应用统一的接口和统一的环境。

智能座舱的 OS 是从传统嵌入式汽车电子的基础软件不断演变而来的，而传统汽车电子可以分为两大类：

❶ 汽车电子类控制设备：通过直接向控制器发送控制命令，实现控制发动机、变流器、变速箱等设备的协同工作。

❷ 车载信息娱乐设备：如仪表、中控、抬头显示（HUD）、流媒体后视镜（FDM）等。这类部件与用户体验强相关，但是此类设备不直接参与汽车

行驶的控制与决策，对车辆行驶性能和安全不起决定作用。

与注重安全、稳定的自动驾驶域 OS 相比，智能座舱域 OS 更注重开放性、兼容性、生态联合。

狭义上的 OS 即为操作系统的内核（Kernel）。内核给用户提供操作接口，给程序员提供编程接口，内核提供给 OS 最基本的功能。内核主要负责管理系统的进程、内存、设备驱动程序及网络系统。内核的性能决定了系统的性能和稳定性，如图 3-10 所示。

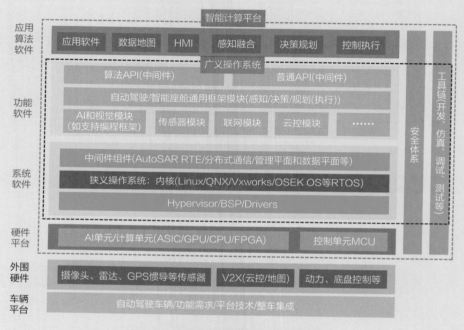

图 3-10　狭义和广义操作系统（OS）

广义的 OS 按照对底层操作系统改造程度的不同，主要可以分为以下 4 种：

❶ 基础型汽车 OS：是汽车底层的操作系统，包括系统内核、底层驱动层，一些 OS 还包括虚拟机，如 QNX、Linux、WinCE、ALIOS 等。

❷ 定制型汽车 OS：在基础型 OS 之上进行深度定制化的开发，定制内容包括内核定制、硬件驱动修改、运行时环境变更、应用程序框架适配。

❸ ROM 型汽车 OS：基于 Linux、Android、QNX 等基础型 OS 进

行定制化开发，但是并不涉及系统内核的更改，一般只修改基础型 OS 自带的应用程序。

❹ 超级 App：不是完整意义的汽车 OS，指的是将导航、多媒体、微信、语音功能整合为一体，来满足不同车主需求的 App，也称作手机互联，如 CarPlay、Android Auto、CarLife、Hicar、FAW-VW-LINK 等。

智能座舱操作系统发展概要如图 3-11 所示。

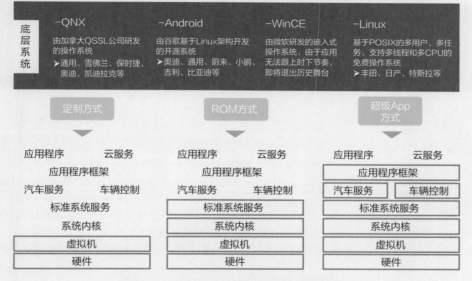

图 3-11　智能座舱操作系统发展概要

资料来源：亿欧，公开资料，灼鼎咨询分析整理

随着智能座舱功能越来越复杂、多任务执行需求量增多，程序结构变得复杂，导致程序可读性变差，维护起来较难。随着娱乐主机内应用和接口数量的增多，座舱软件使用了更为复杂的操作系统。

❶ QNX：非开源且安全实时。QNX 系统是一款微内核、非开源、嵌入式、安全实时的操作系统。QNX 系统内核小，运行速度快，是一种独特的微内核架构，其安全性和稳定性极高，不易受到病毒的破坏，也是全球首款通过 ISO 26262 ASIL-D 安全认证的实时操作系统。但 QNX 为非开源

系统，开发难度较大、应用生态较弱、商业收费高。

❷ Linux：功能强大并开源。Linux系统是一款开源且功能强大的操作系统，具有内核紧凑且高效的特点，Linux系统可以充分发挥硬件的性能。Linux系统与QNX系统相比，最大优势在于代码开源，具有较强的定制、开发的灵活性。Linux的功能较QNX更为强大，组件构成也更加复杂，因此Linux常用于支持更多应用和多接口的信息娱乐系统中。

❸ Android：Linux的发行版本。其系统更加复杂，功能更加强大。Android一度被称为基于Linux开发的、最成功的产品之一，应用生态开发最为丰富。Android系统具有开源、灵活、可以移植性强的优点。但Android系统安全稳定性较差，系统漏洞可能给系统带来较高的风险，技术维护成本相对较高。

结合以上智能座舱的操作系统的类型，智能座舱系统发展面临的挑战依然不少，而且体现出用户需求导向的特点，具体如下。

❶ 系统性能。快节奏的现代生活，使人们更加重视性能。启动速度快、界面切换迅速都成为了智能座舱系统评价打分的关键要点。系统性能受限于硬件及软件平台，需要在软件层面尽可能地优化，以最大化发挥硬件性能。

❷ 系统安全。车载系统的安全关系到乘员生命和车辆及承载的财产，其重要性毋庸置疑。软件行业、互联网行业发展多年，各种新技术、新系统层出不穷，但与此同时，黑客技术也从未止步，如何保证安全性，是一个永恒的课题。

❸ 系统稳定。智能座舱系统的功能丰富多样、种类繁多，如驾乘辅助类、娱乐类、工作类等。随着功能越来越丰富，系统越来越复杂，软件问题也层出不穷。需要有效、快速地解决软件问题，确保系统稳定。

❹ 知识产权。现代社会对知识产权的保护非常重视。避免被竞争对手借助专利设卡，重视知识产权并通过知识产权保护自研技术是一项很重要的工作。

❺ 个性化需求。用户群体复杂，有年轻人和中老年人，有男性、有女性，每种人群、每个人偏好是不一样的。智能座舱操作系统需要注重考虑如何满足个性化需求。

针对以上的挑战，智能座舱的操作系统需要特别把握住以下发展的趋势，而且很多趋势已经在最新落地的产品上得到很好的体现。

❶ 软件平台化。采用低耦合设计方案，让软件平台化。系统软件可以方便、快速地移植到新平台。对于车企而言，能够投入更多精力精雕细琢，这既

降低了研发成本，也提升了软件质量。同时，低耦合设计使得软件的扩展和定制更为灵活，满足了个性化的需要。

❷ 软件规范化。严格实行软件规范化，制定一套软件代码规范。例如，采取可读性强的命名规则，采用易扩展维护的功能设计，借助专业代码质量检测工具（如 SonarCube、LeakCanery 等）进行代码质量检测。以规范化手段确保软件质量，保证系统稳定性。

❸ 保持快速迭代。支持 FOTA（系统固件升级）和 SOTA（软件功能升级）两种远程升级方案。这两种方式给安全漏洞补丁、软件漏洞补丁及新功能的导入提供了基础性支持。

❹ 保持技术创新和导入。保持对新技术的关注，不断创新，在 5G 和 AI 时代持续进行产品导入，取得先机。

可移植操作系统接口（POSIX）是被主流操作系统广泛采用和遵守的标准。基于 POSIX 的应用可以方便地在不同操作系统间移植。

另外，系统中间件位于系统软件中，主要是管理计算资源和网络通信，并为上层应用提供基础的系统服务。其中，最主要的中间件是指分布式通信服务，它主要是以发布/订阅方式为 SOA 应用之间提供数据和信息交换服务，强调以数据为中心，提供丰富的 QoS 策略，能保障数据实时、高效、灵活地分发，可满足各种分布式实时通信应用需求。

功能软件是车控系统根据面向服务的架构设计理念，通过提取核心共性需求形成的共性服务功能模块。如图 3-12 所示，功能软件由应用软件接口、智能座舱通用模型、功能软件通用框架以及数据抽象组成。

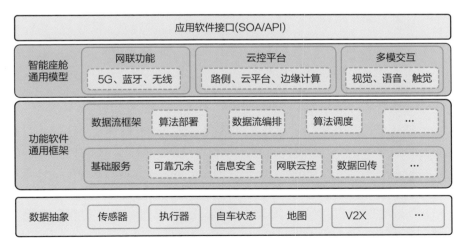

图 3-12　功能软件层

围绕在 SOA 架构周围的，除了基础平台硬件、系统软件、功能软件，还有与云服务相关的组件、应用和服务，云服务可以运行在本地计算平台，也可以运行在分布式联网计算群（边缘云或中心云服务器）上，它们一起为上层服务和应用提供稳定、友好、高效的 SOA 基础架构，主要包括以下方面。

❶ 解耦：操作系统解耦硬件平台，底层软件独立于车型、操作系统及编程语言。内核 /POSIX/ 中间件独立于业务逻辑，数据源解耦传感器硬件设计。

❷ 分层：分层架构设计，是不同层次和各个基础服务组件间界定清晰的界面，其采用业界认同接口和标准，兼容车辆传统的控制器、操作系统和协议。

❸ 模块化：将基础服务软件功能分解成不同类型的一个或多个独立功能，功能间相互独立，方便构建上层应用，如数据收集 / 回传、OTA、信息安全、网联。

❹ 抽象：对不同的感知硬件实现共性数据抽象，既隔离上层算法模块，又可以实现快捷硬件匹配。

❺ 标准化：接口和数据标准化。

智能座舱 OS 稳步发展，所面临的挑战依然很大：一方面，从基础上，我国操作系统领域的发展基础弱，速度并不快；另一方面，用户需求多样化，体验感要求高。但无论智能座舱发展面临的挑战有多大，软件端以面向服务的架构（SOA）为基础、产品端以用户体验为导向的智能座舱开发方式不会改变。

3.3 决策的支撑技术

3.3.1 车载芯片

芯片的重要程度对于汽车行业不言而喻。2020—2022 年，汽车缺芯导致的产量损失达 1500 万辆，按照汽车智能化程度加深的趋势，芯片的核心价值将更加凸显。而作为"一芯多系统"的关键部件，SoC（System on a Chip）系统级芯片在智能座舱集成中具有无法替代的地位，强大而高性能的计算能力，可将大屏、HUD、摄像头、雷达、DMS&OMS、语音识别甚至自动驾驶功能相融合，从而实现更主动、更无缝、更个性的"人机交互"。

但是车规级的芯片有着和汽车行业产品一样严苛的要求：

❶ 车规级芯片在工作环境、使用寿命、规格标准方面要求严格，有更大的开发和验证难度。

❷ 车规级芯片无论是开发周期还是验证难度都很艰巨，因此前期资金、技术投入巨大。

❸ 汽车芯片规模有限，制程要求不高，与上亿量级的手机芯片相比，其低利润空间也是一种制约。

基于以上，国内芯片厂商对车规级芯片的开发意愿较低，而具备先发优势的国外厂商则掌控了国内外的汽车芯片市场。

当前，车规级芯片的厂商有三星、英伟达、英特尔、高通、NXP 等，其中高通骁龙 SA8155P 凭算力及先发优势占据龙头地位，成为中高端车型主流座舱 SoC，如表 3-1 所示。

高通骁龙 SA8155P 平台属于多核异构的系统，其性能是原有高通 820A 平台的 3 倍，如图 3-13 所示。SA8155P 这个名字读者可能不熟悉，但是消费版的骁龙 855 相信大家是耳熟能详的。SA8155P 是基于第一代 7nm 工艺打造的 SoC，也是首款 7nm 工艺打造的车规级数字座舱 SOC。

SA8155P 虽然是 2019 年发布的芯片，但其参数优秀。CPU 选用了 8 核的设计，而在其 1+3+4 结构的 CPU 中，主力是来自高通的 Kryo 485，主频能够达到 2.96GHz，其余 3 个高性能的核心主频能够达到 2.42GHz，剩下的 4 个则采用了相对性能较低的 1.8GHz 小核，整体的 CPU 算力可以达到 105k DMIPS，AI 算力可以达到 8 TOPS（每秒进行 8 万亿次的运算），GPU 算力 1142GFLOPS。

SA8155P 支持新一代的联网技术，包括 WiFi6、蓝牙 5.0 等。新的联网模块体积更小，发热更低，WiFi 模块性能比上一代翻了 3 倍，蓝牙带宽达到 2Mb/s，传输距离提升 4 倍。

但是有一个现象，国外的主机厂，芯片选择的还有三星、英伟达，因为欧美市场的客户需求不一样。除了必备的语音交互系统、手机互联，在中国，新势力带起来的科技化智能座舱的一个鲜明的特点就是显示屏非常多。更别说激光雷达和大量的摄像头，而且一旦没有面部识别、HUD、疲劳监测，就被视为"落后"。

毫无疑问，要实现以上所有功能，对 CPU 和 GPU 的要求就非常高，更强的计算能力、更富裕的性能才能保驾护航。

车规级芯片在安全性和可靠性上要慎之又慎，制作工艺上复杂不说，为了维持低失效率，甚至要将算力维持在相对较低的阶段，以获得"浴盆"曲线中平缓稳定的长寿命低失效率区间，如图 3-14 所示。

表3-1　各厂商芯片参数对比

厂商	高通			三星	英特尔	瑞萨	NXP	德州仪器	联发科	
型号	SA8155P	SA6155P	820A Prem	Exynos Auto V910	A3950	R-CAR H3	I.MX8QM	Jacinto7	MT2712P	MT8666
制造工艺	7nm	11nm	14nm	8nm	14nm	16nm	28nm	28nm	28nm	12nm
推出时间	2019	2019	2016	—	2016	2015Q4	2017	2021	2019	2019
内核	8	8	4	8	4	8	6	2~4	6	8
内核和频率	Kryo485*8 2.84GHz+ 2.42GHz+ 1.8GHz	Kryo460 Gold*2 1.7GHz+ Silver*6 1.6GHz	Kryo200 1.6~2.0GHz	8*A76 2.1GHz	X86 2.0GHz	A57*4 1.0GHz A53*4 1.2GHz	A53*4 1.0GHz A72*2 1.8GHz	A72*2/4 1.6GHz	A72*2 1.6GHz A35*4 1.2GHz	A73*4 2.2GHz A53*4 2.2GHz
CPU算力	105k	50k	55k	111k	42k	40k	26k	12~24k	23k	56.8k
GPU型号	Adreno 640	Adreno 612	Adreno 530	Mail G76 MP18	INTEL HD 50X	GX6650	2*GC7000	G6230/6430	Mail-T880 MP4	3*MaLi-G72
GPU频率	700MHz	1.9GHz	624MHz	—	650MHz	600MHz	850MHz	—	900MHz	800MHz
GPU算力（GFLOPS）	1142	100	320	1205	187	288	128	70~140	133	113
NPU算力（INT8 TOPS）	4	—	—	1.9	—	—	—	—	—	2
屏幕支持个数	4/3	4	3	—	—	4	4	—	—	4

图 3-13　高通骁龙 SA8155P 芯片

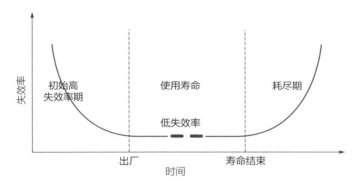

图 3-14　"浴盆"曲线

　　ECC（Error Correcting Code）即"错误检查和纠正"机制，如防止黑屏，这在车机上是坚决不能出现的问题。因此对于车规级芯片，像 SA8155P 会外挂一个 MCU 芯片，出现黑屏后，MCU 芯片会显示最基本的信息，等待其他功能重启后，问题就解决了。而在消费领域，这些都是不需要的，毕竟重启就能解决的问题，不需要这么复杂。

　　高通骁龙第四代智能座舱芯片 SA8295P，采用了 5nm 制程工艺，在 CPU、GPU 等架构上与手机上采用的高通骁龙 888 同平台，可视为骁龙 888 车规版。

　　高通第四代智能座舱平台采用第六代高通 Kryo 架构 CPU、高通 Hexagon DSP 处理器、多核高通 AI 引擎、第六代高通 Adren 架构 GPU 以及高通 Spectra ISP。算力方面，高通骁龙 8295 的 CPU 算力超过 200k DMIPS，GPU 算力超过 3TFLOPS，NPU 的 AI 算力达到了 30TOPS；与 SA8155 相比，CPU 算力增长一倍，AI 算力增加近 3 倍，GPU 算力增加近 2 倍。

　　高通公布数据显示，全球最大的 25 家车企已经有 20 家采用第三代骁龙数字座舱平台，即 SA8155P 系列。整体来看，高通骁龙系列对座舱的影响力是全面的。骁龙第三代智能座舱芯片 SA8155P 一举成为行业最成功的产品，是当今旗舰车型的标配，如蔚来 ET7、小鹏 P5、理想 L9、长城 WEY 摩卡等旗舰车型都搭载了该产品。

高通利用手机安卓系统的骁龙系列芯片 + 丰富的安卓原生生态系统，帮助主机厂在极短时间内打造出了一款好用的车机系统，以此占领了智能汽车座舱的大部分前装市场。

高通每年投入 50 亿做 IP（Intellectual Property Core，IP 核，表示电路模块的成熟设计）研发，每年推出一款旗舰产品，可以复用在手机 SoC 和车载计算平台，这样的技术迭代速度无人能敌。面对未来，高通认为中央集成的计算通信架构是汽车行业的发展共识，因此高通会借助座舱系统市场的垄断地位，加码研发将自动驾驶和智能座舱域控制器合二为一、同一计算平台兼顾不同功能算力需求的产品。

3.3.2 车载以太网

汽车 ECU 之间、ECU 与传感器之间、执行器之间互相通信需要特定的通信协议和通信网络，这种通信网络称之为总线网络。车载总线常见的有 LIN、CAN、MOST、CAN-FD、以太网（Ethernet）、FlexRay、PSI5，如图 3-15 所示。

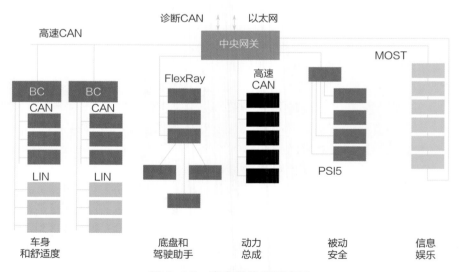

图 3-15　汽车总线典型应用

资料来源：NXP

CAN 主要用于车上控制数据传输，是车载网络应用最为广泛的标准，最大传输速度为 1Mb/s，兴起于 20 世纪 90 年代的控制器局域网（CAN）革命，对汽车电子行业发展有着巨大的推动作用。

LIN 是一种低成本通用串行总线，在汽车领域主要用于车门、天窗、座椅控制等，最大传输速度为 20kb/s。

FlexRay 是继 CAN 和 LIN 之后的新一代汽车控制总线技术，同样属于共享式总线技术，带宽可达 10Mb/s。作为共享式总线技术，成本很高，适用于中高端车型中的线控系统，如悬架控制、变速箱控制、制动器控制、转向控制等。

汽车电子技术爆发式发展后，ECU 无论是数量还是运算能力都呈现爆发式增长，自动驾驶和智能座舱的快速发展，对运算带宽的需求也开始爆发。因此，车载以太网是未来的发展方向。

车载以太网标准分两部分，一部分是最底层的 PHY 标准（端口物理层，是一个对 OSI 模型物理层的共同简称），另一部分是链路层标准。这两个标准都以 IEEE 的标准应用最广泛，如图 3-16 所示，是典型的车载以太网 OSI（开放式系统互联通信）模型。

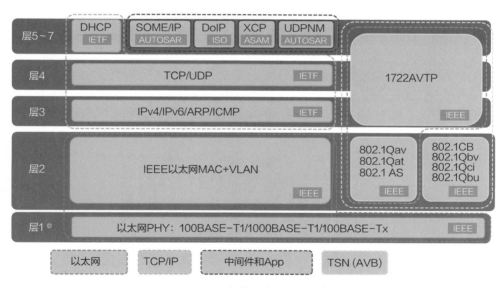

图 3-16 车载以太网 OSI 模型

资料来源：Marvell

车载以太网 PHY 标准主要是制定单对双绞线标准，传统以太网与车载以太网最大的不同是，传统以太网需要 2 ～ 4 对线，车载以太网只需要 1 对，且是非屏蔽的，车载以太网使用单对非屏蔽电缆以及更小型紧凑的连接器，传输距离亦可达15m（对于屏蔽双绞线可支持40m）。这种优化处理使车载以太网可满足车载EMC要求，可减少高达80%的车内连接成本和高达30%的车内布线重量，这是车载以太网诞生的最主要原因。100M车载以太网的PHY采用了1G以太网的技术，可使用回声抵消技术在单线对上实现双向通信，具体可见表3-2。

表3-2 车载以太网PHY标准分布

名称	标准	发布年份	速度/（Mb/s）	对线	最大距离/m
10Base-T	802.3i	1990	10	2	100
100Base-TX	802.3u	1995	100	2	100
1000Base-T	802.3ab	1999	1000	4	100
10GBase-T	802.3an	2006	10000	4	100
100Base-T1	802.3bw	2016	100	1	15
1000Base-T1	802.3bp	2016	1000	1	15
10Base-T1S	802.3cg	2020	10	1	15
2.5GBase-T1	802.3ch	2020	2500	1	15
5GBase-T1	802.3ch	2020	5000	1	15
10GBase-T1	802.3ch	2020	10000	1	15

资料来源：Marvell。

PHY在发送数据的时候，收到MAC发过来的数据。对PHY来说，没有帧的概念，都是数据而不管什么地址，数据还是CRC（Cyclic Redundancy Check），每4bit就增加1bit的检错码，然后把并行数据转化为串行数据，再按照物理层的编码规则（10Based-T的NRZ编码或100based-T的曼彻斯特编码）进行数据编码，再变为模拟信号，将数据送出去，如图3-17所示。

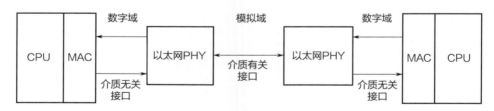

图3-17 以太网系统框架图

网线上的到底是模拟信号还是数字信号呢？答案是模拟信号，因为它传出和接收采用的是模拟技术。

车载以太网链路层标准以传输队列号（Transmission Sequence Number，TSN）

为核心，其核心应用是异构性网络的实时、高可靠性、高时钟同步性数据交换。也就是说，其主要用于骨干传输网，而非节点。汽车、工业自动化是其主要应用场合，这些场合至少有两种传输总线，通常是 CAN 和以太网。汽车则还有 MOST、Flexray、LIN、PSI5、CAN-FD 等，这些是由用户习惯、成本和研发成果复用性决定的，不可能改变。

如果是非异构性网络，则 TSN 优势不明显。TSN 构成如图 3-18 所示。

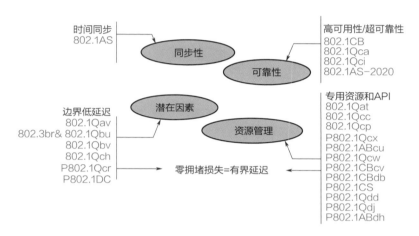

图 3-18　TSN 构成

资料来源：TSN

TSN 标准包括时钟同步、低延迟、高可靠性等。

（1）时钟同步

所有通信问题均基于时钟，确保时钟同步精度是最为基础的问题。TSN 工作组开发了基于 IEEE1588 的时钟，并制定了新的标准 IEEE802.1AS-Rev。它用于实现高精度的时钟同步。

（2）低延迟

汽车控制数据可以分为三种：按时计划的流量（Scheduled Traffic）、预定的流量（Reserved Traffic）、尽力而为的流量（Best-effort Traffic）。Scheduled Traffic 如底盘控制数据，必须按照严格的时间要求送达。相比之下，娱乐数据可以灵活掌握，行业内一般要求底盘系统延迟不超过 5ms，这也是车载以太网跟通用以太网最大的差别，如图 3-19 所示。

（3）高可靠性

TSN 中保证高可靠性主要依靠 802.1CB 标准，只有 TSN 能让整个系统达到功能安全的最高等级——ASIL D 级。

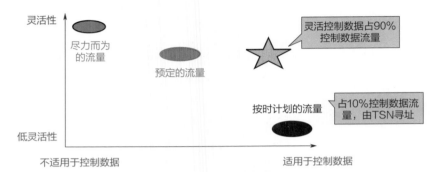

图 3-19 汽车控制数据

域控制器阶段，TSN 的必要性还不是太突出，未来进入到 SOA 架构阶段，即混合域和 Zone Control（区域控制）阶段，TSN 交换机和物理层 IC 都是不可或缺的。

Zone Control 架构可算是 SOA 架构的典型代表，可以说 SOA 架构离不开 TSN。如图 3-20 所示，ADAS/ 座舱 / 车身三个运算单元与七个域控制器通过车载以太网连接。

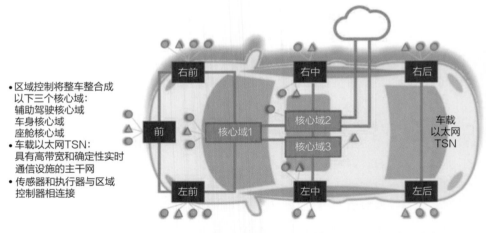

图 3-20 Zone Control 架构

资料来源：伟世通

Zone Control 是 EEA 的一种集中式架构。那么，接下来梳理一下，为什么集中式的 EEA 是趋势？基于 SOA 架构下 EEA 最终的形态又将如何？

3.3.3　集中式电子电气架构

在前面章节中，经常提到电子电气架构，也分析过电子电气架构正不断从分布式向集中式转变。打个比方，用集中式的电子电气架构＋车载以太网可搭建起智能座舱的骨干，也就是智能座舱的筋络。

早先，汽车上控制单元的作用主要是实现对发动机的控制，每个电器都需要一个控制器进行独立控制，也就是分布式架构。随着车载电器越来越多，对应的电子控制单元（Electronic Control Unit，ECU）越来越多，从硬件的配置上来说，其复杂而沉重。ECU 来源不同，程序编译方法和语言不同；各个 ECU 都有自己独立的通信，线束复杂；物理位置各不相同，总装复杂度大；资源浪费，运算能力不能物尽其用，成本上涨。因此，需要一个全新的整车电子电气架构来解决分布式架构带来的问题，尤其是汽车正处在从一个传统的交通工具向智能终端转变之时。

德尔福率先在汽车行业引入了"功能域"的概念，来统一整车电子电气架构的搭建。功能域就是按照功能来进行划分，如车身系统、娱乐系统、底盘系统、安全系统、动力系统以及辅助驾驶系统等，如图 3-21 所示。

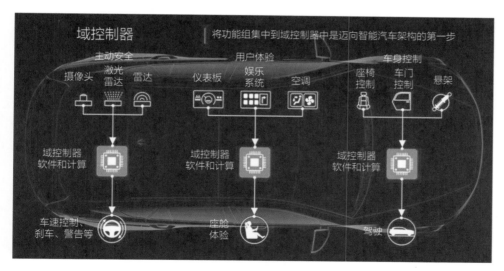

图 3-21　功能域的概念

每个域中，域控制器（Domain Control Unit，DCU）来协调域下的各个 ECU，担任域内主要的运算责任，从而降低各个 ECU 的负担，这有利于域内的集中控制，而非各自为政。

德尔福也基于此提出了 EEA，其为集合了汽车的电子电气系统原理设计、中央电气盒的设计、连接器的设计、电子电气分配系统等设计于一体的整车电子电气提供了解决方案，如多总线架构、域控制器架构、区域控制器及中央超算架构。

通过 EEA 的设计，可将动力总成、驱动信息、娱乐信息等车身信息转化为实际的电源分配的物理布局、信号网络、数据网络、诊断、容错、能量管理等电子电气解决方案。

汽车电子电气架构的演进趋势为由传统分布式架构到域集中式架构再到中央集中式架构，如图 3-22 所示。传统汽车电子电气架构无法满足智能汽车的算力和模块高扩展性的需求，分布式 ECU 方案通常采用低功耗、低算力硬件单元，数据处理能力较弱，且各 ECU 之间的算力无法进行整合。此外，传统

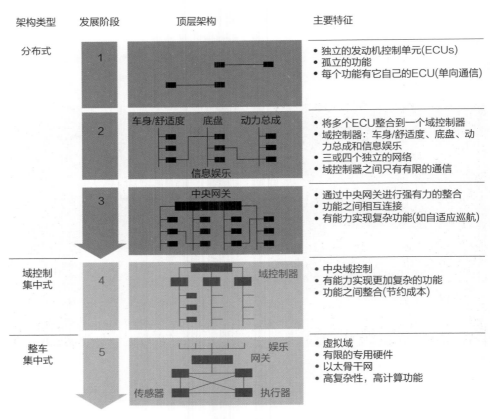

图 3-22　电子电气架构转变

分布式 ECU 方案软硬件强耦合，且每个 ECU 的软件逻辑、处理的传感器数据、实现的功能都相对单一和固定，后续迭代升级的资金和时间成本巨大。

此外，整车电子控制单元（ECU）的装配量也在增加。分布式架构受到信息交互效率与成本的限制，所以未来汽车电子电气架构必须向集中化演进。

汽车电子电气架构集中的本质就是将多个传统 ECU 功能融合成单个域控制器，汽车各大功能区域通过域控制器进行控制以提高各部分的信息交互效率，降低制造成本，以硬件支撑汽车的智能网联化。

功能域的特点是以相似和同类功能区分的，而执行功能的零部件遍布整车，需要通过大量的线束传递信息。线束设计成本、难度、重量大大增加，而且各个域控制器的运算能力，无法最大化使用和共享。

因此，特斯拉紧接着推出了"区域zone"的概念，将整车的区域分为左域、中域、右域，来取代车身系统、娱乐系统、底盘系统、安全系统、动力系统以及辅助驾驶系统等功能域的概念。例如，特斯拉 Model 3 中域整合了驾驶辅助和信息娱乐两大功能，而左域和右域则分别整合了余下的功能，如图 3-23 所示。

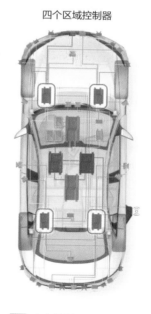

两个区域控制器　　　　　三个区域控制器　　　　　四个区域控制器

▷ 音响　　　　　　　▮ 360°摄像头　　　▮ 激光雷达　　　　▮ 中央整车控制器
▮ 显示器　　　　　　▮ ADAS摄像头　　　▮ 开放服务平台　　▮ 区域控制器
▮ 外部雷达　　　　　▮ 超声波雷达　　　▮ 推进器和底盘控制器　▮ 连接的车辆服务器
▮ 驾驶员状态感应摄像头

图 3-23　区域控制架构

虽然这对架构工程师的能力提出了更高的要求，他们需要跳脱出功能划分的思维，通过学习多个功能域的电子电气原理，完成最合理的架构设计和规划。但是，这种划分基本上避免了线束往返跨越车身的情况，同时进一步将不同功能电器集中于某个区域内，由单个区域控制器来解决运算、最大化共享算力。

各个区域控制器通过千兆以太网等主干网和多种通信协议连接到中央超算，中央超算可以配备高性能的芯片，以更高的车辆数据传输速度为基础，来支持高阶自动辅助驾驶、智能座舱和 OTA 等，如图 3-24 所示。

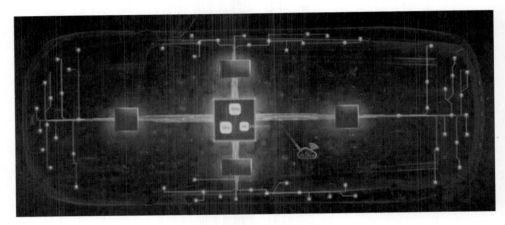

图 3-24 中央超算架构

汽车电子电气架构的转变，直接驱动汽车软硬件解耦，实现软硬件分离开发，如图 3-25 所示。汽车底层原有的以 ECU 为单元的架构将发生转变，形成通用硬件平台，并将拥有更为强大的算力，软件不再基于固定硬件开发，而是形成可移植、可拓展和可迭代的面向服务的软件架构。

目前来看，大多数传统主机厂处在域控制器的实施和应用阶段，新能源车企的领头羊在大力发展区域控制器阶段。

电子电气架构从分布式到集中式的革新，不仅能够让其从成本和重量上适应越来越多复杂的应用场景，更能从算力、整车布置和功耗上找到最优解。

蓬勃发展的用户需求和体验增强的直接需求，使得汽车行业经历彻底的改变，即由机电驱动逐渐转变为由软件驱动。智能座舱的智能化的需求，要求汽车产品开发转变为软件业的开发思路，如 SOA 架构和迭代的思维。作为智能座舱计算决策的重要基础建设，智能座舱操作系统、车载芯片、车载以太网和集中式电子电气架构成为智能座舱决策的重中之重。这些"基础设施"也会和其他智能化需求共享，这也符合软件定义汽车的初衷。

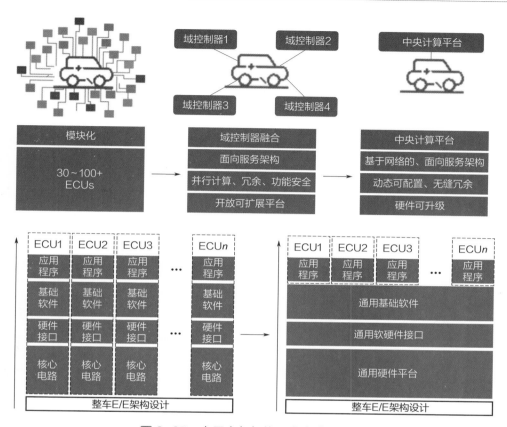

图 3-25　电子电气架构开发方式的转变

资料来源：东软《中国智能汽车软件产业发展趋势洞见》、天风证券研究所

　　与此同时，感知算法、神经网络、机器学习等技术也是决策系统的重要组成部分。

第 **4** 章

智能座舱：执行

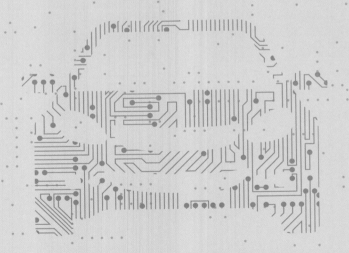

执行层比较容易理解，因为执行层的零部件和系统都是常见的，如方向盘、刹车、车身稳定系统（ESP）、语音助手、灯光、面板、座椅、空调、手机App 等，或者主动采取安全行为，如驾驶员疲劳监测、车内儿童监测反馈等。随着座舱载体的出现，越来越多的执行方式得以实现，如沉浸式体验、零重力座椅、时尚氛围系统、空气净化系统、智能娱乐系统等。

基于用户 + 场景的方式，车辆可在出行需求—上车—行驶—下车—出行结束的整个用车周期中，为驾乘人主动提供场景化的服务，实现"拟人化"的自主 / 半自主决策，如自主激活车辆、驾驶人健康监测、行为提醒及干预、IVI和 HMI 无缝对接、纪念日提醒、驾驶模式 / 休息模式切换、行程助手和推送、支付功能、目的地需求规划等，如图 4-1 所示。

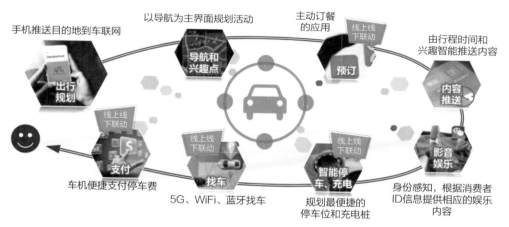

图 4-1 智能座舱场景

这也是智能座舱最终想呈现给用户的方式，其最终目的是以最懂你的方式进行交互，成为个性化、更无缝、更贴心的人工智能助手。

4.1 执行层的范畴

座舱系统的智能化，最直观的改变就是交互方式的改变，即更主动、更智能、更个性、更无缝。座舱内饰和电子电器作为交互的载体，同时还得具备通过 HMI 实现对座舱的电子化，可以对座椅、中控、门板、仪表台进行控制的能力，也要具备对外沟通、服务和连接的能力。

交互技术的发展经历了物理旋钮／按键—数字触屏—语音控制—多模态交互的过程，可分为用户主动式交互、机器建议式交互、机器主动式交互三种模式，目前的交互技术处在用户主动式和机器建议式之间，而未来机器人将主动承担输入输出的角色，像一个真正的"智慧体"，渐渐达到自然交流的阶段，如图 4-2 所示。

❶ 用户主动式交互。用户的输入与机器的输出／反馈是直接的，机器直接对用户的操作做出反馈。

❷ 机器建议式交互。会执行用户非直接性的指令或者后续的扩展指令，并提出建议、征询用户同意，如在语音导航设定时，出现重名地点的再度确认，或者路径选择等。

❸ 机器主动式交互。机器相当于真正的"智慧体"，能够根据大量的感知信息的融合进行计算思考，进而自主决策，做出适宜的动作。例如，雾霾严重时，能够主动打开内循环和空气强净化系统，并主动向用户说明采取了哪些措施，以备查阅。用户甚至也可以关闭询问，而把某些功能的决定权直接授权给机器。机器是"Always On（一直都在）"的"哨兵"，持续感知，一直计算和决策，主动交互。

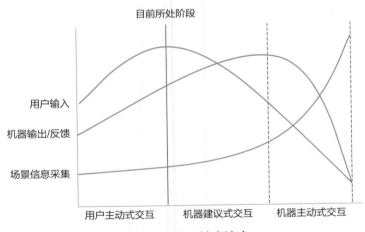

图 4-2　交互技术演变

无论哪个阶段的交互方式，其根本仍然在于通过人类的视觉、语音、触觉、声学、嗅觉等进行交互，不同之处在于机器交互时还会开启一系列非显性的监测方式，通过车内摄像头、ToF、红外线雷达、生物传感器等多重手段，监测用户的生理状态、情绪状态，并通过常规手段进行交互反馈。正因为如此，智能座舱才能够做到更懂你、更贴心，甚至比你自己还要了解自己。

4.2 人机交互路径

执行层的核心：交互。

最大的趋势：多模交互。

智能座舱交互模态包含语音、听觉、视觉、触觉，而未来交互形式会逐渐多样化，且趋于个性化、多终端无缝交互、主动化和智能化。

座舱个性化方面，目前上市车型主要通过语音、氛围灯、智能座椅、车内摄像头等智能化配置实现单场景交互。同时，车内模式可根据驾驶、休息、办公不同场景进行转换，打造智能、协同、灵活、舒适的个人车内空间。

座舱无缝交互模式下，座舱车内各终端将无缝连接，车内电子系统、感知界面和人机交互实现无缝结合，从"人 - 机"单项交互进化到"感知 - 机 - 人"的主动交互，实现手机、家居、办公室和座舱内无缝切换，"人 - 车 - 路 - 云"交互一体化。

智能表面材料的不断成熟，使得车内每个表面都具备交互的手段。普通的按键不是被整合到大屏，就是通过电容传感器 / 压力传感器与饰件及织物相结合，配合上氛围灯或其他显示语言，成为能够和用户进行多模互动的组件。

智能网联不断升级，使车载的平台也可以搭载车载应用软件，延伸其场景交互能力，打通车内和车外，提升其场景交互能力，真正成为"移动生活空间 +"。

智能座舱中，交互能力成为决定驾乘人员舱内智能化体验优劣的核心因素，因此如何实现"理解人"，成为座舱内交互的发展目标。

（1）语音交互

语音交互目前较为成熟，已经成为当前智能座舱必备的技术，可以实现多音区识别、上下文对话和自然语义交互，甄别驾驶员与乘客的语音指令。随着语音识别能力的提升，除了日常的导航、车控、娱乐，还可以通过语音进行健康检查与建议。

数字语音虚拟助手是一个以语音为主，辅助于实体和虚拟动作的助手，典型的代表如 Nomi 和小 P，此外还有第三方的 Siri、小爱同学等，如图 4-3 所示。与之对话需要以自然的方式进行，不依赖事先预设，数字语音助手以理解人的方式，提供关于交通、日历和紧急事件等的拟人化的对话讨论。

（2）智能声学

最常见的是使用 ANC（主动降噪）甚至 RNC（主动路噪控制）的技术去改善车内 NVH。随着个性化需求和个人隐私需求增加，根据座舱内的视听娱乐

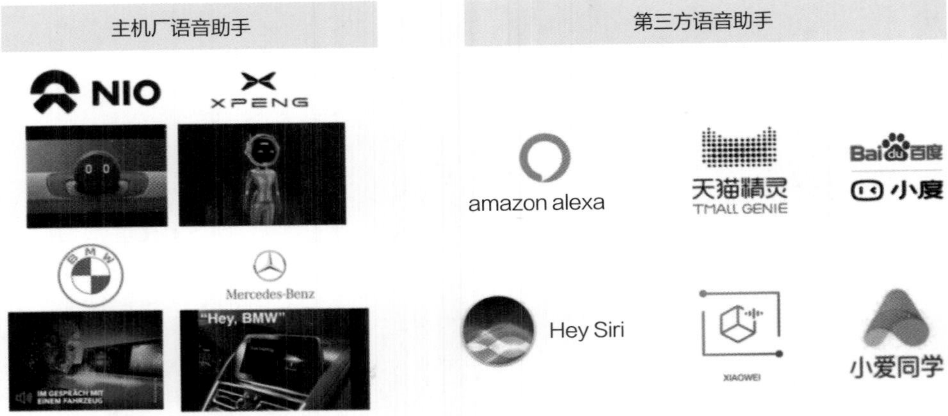

| 主机厂语音助手 | 第三方语音助手 |

图 4-3　车载智能语音助手

内容和个人偏好，智能声学可以将附近的声音干扰降到最低，耳机虽然可以解决这个问题，但是比较疲劳，这个时候可以通过音乐头枕、周围扬声器阵列创建个人音场，从而获得更大的舒适度和乐趣。

此外，电动汽车低速提示系统（AVAS）和特殊警示音识别系统，不仅可警示行人，还可以识别路边的危险声音、行人等，且不受外部光照影响，完全可以作为视觉交互的辅助模态。

（3）视觉交互

视觉交互作为座舱内除触觉交互与语音交互之外最具代表性的交互方式，其在驾驶员监控系统（DMS）和乘员监控系统（OMS）中得到了很好的发挥，同时还用来进行情绪监测、疲劳监测等，以达到隐性的脸部状态管理，如图4-4所示。在人们对健康越来越重视之后，生命体征监测、物体监测、随行宠物监测等都有大量的感知和交互需求。

这个领域常见的视觉感知与交互的设备包括单目和立体 RGB 摄像头、深度摄像头（RGB-D）、红外（IR）相机、ToF、脉冲无线电 UWB（超宽带）雷达等。

显示方面，流媒体后视镜、流媒体倒车镜、HUD 等，都已经在很多车上得到应用。流媒体的清晰度更高，不受天气影响，而且可以与其他信息互通，如导航信息与HUD的互通，AR-HUD 更将实景整合到导航之中，体验更加直观。显示屏幕按照位置可分为低头显示、抬头显示、头戴显示，如图4-5所示。

HDD 也就是当前大部分汽车采用的屏幕，如中控屏，一般需要驾驶员将视线从道路移开以查看信息，增加了视觉认知负荷。

图 4-4　座舱监测系统

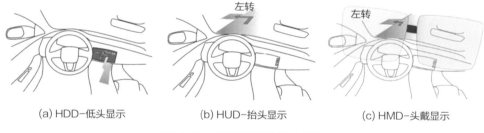

(a) HDD-低头显示　　　(b) HUD-抬头显示　　　(c) HMD-头戴显示

图 4-5　不同种类的显示设备

　　HUD 将信息投射到驾驶员已经注视的道路上，因此可以降低驾驶员分心次数，提高安全性。由于显示面积问题，其可以作为驾驶重点信息显示和补充。

　　HMD 作为头戴的显示设备，在驾驶员佩戴 AR 护目镜或智能眼镜的情况下，可以在低能见度和特殊天气的环境中提供辅助信息或兴趣点消息。

　　（4）触摸交互

　　触摸交互是一种很典型的交互方式。触屏是最早的智能座舱的体现方式，随后智能表面大爆发发展，与电容传感器、压力传感器相结合，成为触控的表面，继而有零重力座椅及其舒适性、警示性配置。

　　触觉界面包含大面积的分布式的接触点定位、电容传感器、振动传感器和力学传感器，具备良好的空间分辨率、灵敏且可弯曲的界面，其响应时间短，具有低滞后和重复接触的稳定性。

非常重要的一点是，电容传感器、振动传感器、力学传感器都可以嵌入非导电材料中，如皮革、织物、木皮等材料，与座舱内饰完美结合。

触感也可以用作乘员活动监测。利用导电聚合物，如聚苯乙烯磺酸盐的高灵敏性柔性应变传感作用，通过计算机建模获取保真的触觉反馈，包括动作的方向、力度等，从而监测分心驾驶。

（5）多模交互

多模交互，即以服务为主线，使用多种模态进行交互，给用户的驾乘带来更贴心、更无缝的体验。

以零重力座椅为例，如果整体是为了给副驾驶位提供休息模式，那么座椅可提供触觉上舒适且贴合的睡姿，同时结合声学上的舒缓音乐、大屏上的静谧的画面，再配合上整体舒适的氛围灯，多种交互相互配合，打造出纯粹的休息模式。

车载娱乐系统亦不例外，声、光、振动、温度都融进了娱乐系统，如在一部电影的播放过程中，电影的情节可以结合扬声器的环绕声、面部的冷热风、座椅的振动，还有氛围灯的灯光颜色和强度的变换，共同打造出身临其境的娱乐效果。

游戏环境的建立是智能座舱的另外一个前沿方向。一方面可把大游戏 IP 搬上车机，和解析电影一样，利用智能座舱的软硬件达到沉浸式体验；另一方面通过座舱芯片的接口，结合手势控制、动作捕捉等应用，让智能座舱成为游戏娱乐的主机，而且在不同座位上的乘客都能参与其中。

还有一类，即疲劳和分神识别、情绪识别，其非常需要多模交互技术，收集分析来自视觉、触觉、声音、车身动态传感器和生理传感器的感知信息，通过计算整合，从而判断驾驶员是否出现疲劳、分神和情绪驾驶的状态；来自不同模态的感知信息互为补充，可提高识别的准确率；同时，在交互反馈时，又通过视觉警告、振动警告、坐姿调整建议、对话、车内氛围改变，甚至其他车辆或基础设施的警告，来给驾驶员以足够的提醒，提高安全保障，如图 4-6 所示。

因此，人机交互的路径并不复杂，依然是围绕着人体五感进行，将需要执行的结果，通过对话的方式说出来，借由耳朵听到，或让眼睛看到、用鼻子闻到、让身体皮肤感受到。

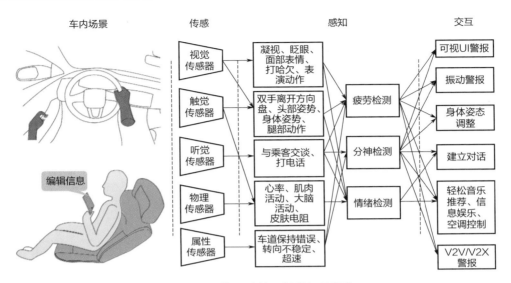

图 4-6 疲劳、分神、情绪识别框架

4.3 人机交互反馈

　　既然有交互，那必须要有反馈与评价，才能进行改进。举个例子，目前机器人的客服对话体验，有时不能理解客户意思，这就说明这种交互方式的反馈不好。如果要优化交互体验，就必须要有优化改进的机制，而最为重要的是要建立起科学的评价体系，针对交互的反馈和弊端进行分类和识别，为优化改进提供最为重要的基础数据，进而使得用户得到更为理想的交互体验。

　　如图 4-7 所示，这是一种人机交互的反馈和评价体系，通过人 - 机 - 人的方式，重现每一个反馈的每一个步骤的体验分值，以反映每一个交互体验的相对真实的情况。

　　以上是一个评分机制，评分越高，意味着此项交互在人 - 机 - 人的各个环节的效率、决策准确度、反馈的好感度都很突出。反之，针对低效的操作或者糟糕的反馈，需要研发人员深入探索原因，设法找到以服务为导向的所有链接上的问题，进而提升效率、增强效果等，并将其加入未来迭代和 OTA 的规划之中。

　　以上只是交互改进的一个范例。下面这个公式，它意味着体验是综合得

交互循环	人			机				人
	需求/决策形成	交互界面定位	输入指令	操作时反馈	处理指令/思考	场景主动采集	输出结果/建议	感知结果
描述	清晰度	定位准确性定位容易程度	输入效率：准确度、速度输入干扰性	反馈明确性反馈干扰性	时长	完备性	清晰度	传达效率：准确率传达干扰性
触屏操作	3	2	2	3	4	3	3	3
手势输入								
指纹识别								
人脸识别								
语音输入								
情绪识别								
振动反馈								
生理状态								
摄像头识别								
姿态识别								
显示屏								
打分标准	打分为1、2、3、4、5五个分值；1代表最差，5代表最好；							

图4-7　人机交互的反馈和评价体系

分，是场景中每一步骤的体验分与权重的求和：

$$综合体验分 = \frac{求和（体验评价得分 \times 任务权重值）}{任务权重值总和}$$

$$\sum_{i=1}^{n=61} x_i k_i = x_1 k_1 + x_2 k_2 + \cdots + x_{61} k_{61}$$

式中，x_n 为第 n 项体验得分；k_n 为第 n 项体验权重占比。

而回到整车的角度，每一个体验服务项组成用户任务响应数，再组成场景感知价值，从而形成与传统产品截然不同的评价体系，如图4-8所示。这种产品思维的改变，尤其对打造智能座舱将有根本性的影响。因为智能座舱的场景数目、子任务数及其各项体验十分丰富，也是各家厂商差异化竞争的重点。

交互技术的提升，还受到方方面面的变量的影响，如机器人记忆和学习、AI芯片等领域，这些都能够使交互技术有所发展。而反馈评价体系的建立，作为未来迭代更新的基础尤为重要，甚至整车的反馈评价体系可以作为智能座舱研发的起点。

图 4-8　以场景为价值的评价体系（评分仅供示意）

4.4　人机交互载体

在智能座舱多模交互场景的需求持续升级的情况下，各个主流的交互载体进入革命性的发展阶段，万物互联、万物智化已成为普遍趋势。每个载体各自的感官领域持续不断地进化，原本昂贵的装备也随着技术和工艺的进步以及装机的成熟度，成本不断下降，同时也反哺产业进一步向前快速发展。

智能座舱的人机交互 HMI，借由声、光、电多方位的进化，逐渐组合成场景的表达，而各个交互载体，借由各自的技术发展路径逐渐加速，被软件定义汽车所赋能，有的甚至从舞台的角落走向舞台中央，成为智能座舱的关键零部件。

4.4.1　HUD

起源于航空领域的平视显示器（Head-Up Display，HUD）近些年来在汽车领域重现生机，历经 C-HUD、W-HUD，再到与增强现实相融合的 AR-HUD，其无论在成像质量还是科技感上，都不断增强。抬头显示可直观地显示有效信息于驾驶员前方，有助于促进便捷的人机交互，可将车况、路况、ADAS、车联网等多项信息呈现于 HUD 界面，高效、直观，可降低事故发生的概率。

AR-HUD 比 C-HUD 以及 W-HUD 技术更先进，与自动驾驶融合程度更高。

C-HUD 用仪表板上方半透明的树脂板作为投影介质，其优点在于成像距离近，易于安装，但其区域小、显示内容有限，在碰撞中有飞溅物二次伤害的担忧。W-HUD 通过前挡玻璃作为投影介质来反射成像，其优点在于具有更大的成像距离和区域，缺点在于结构复杂、成本高，如图 4-9 所示。

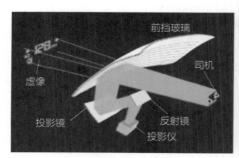

(a) W-HUD工作原理　　　　　　　　　(b) W-HUD产品

图 4-9　W-HUD 工作原理

资料来源：智能汽车俱乐部公众号、天风证券研究所

AR-HUD 和与 W-HUD 相同，通过前挡风玻璃作为投影介质来反射成像，但是其采用增强投影面，利用数字微镜生成图像元素，同时成像幕上图像通过反射镜最终射向挡风玻璃，增强后的显示信息可以直接投射在用户视野角度的道路之上。AR-HUD 的虚拟图像距离更长、可视角度更大、投影范围更大、可显示的信息量多，虚拟图像与真实场景深度融合，如图 4-10 所示，因此其更符合未来交互的要求，比 W-HUD 更生动逼真，可带来沉浸式的交互体验。

图 4-10　AR-HUD 示意图

将 C-HUD、W-HUD 和 AR-HUD 进行对比。C-HUD 原理老旧，价格低，逐渐被淘汰；现在主流应用是 W-HUD，其技术更加繁复，效果比 C-HUD 更好；而作为终极方案的 AR-HUD，有更大的投影范围，可包含更多的内容，并与 AR 技术完美融合，只是该技术尚未成熟，且成本最高。具体细节如图 4-11 所示。

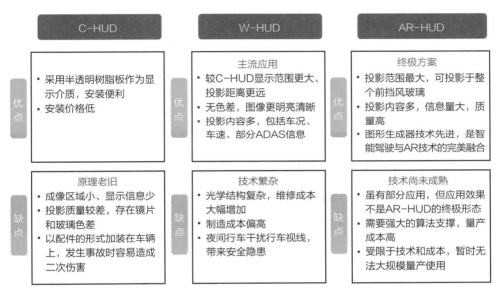

图 4-11　HUD 性能对比

HUD 系统由主控 PCB 板、LED 光源、投影单元（PGU）以及反射镜、显示介质等关键部件组成。投影单元获取车况、路况、导航等信息，再通过投影仪输出图像；显示介质则是半透明树脂玻璃和汽车前挡风玻璃。

投影单元（PGU）技术具体有 LCD 投影、MEMS 激光投影、DLP 投影和 LCOS 投影，前三种的专利申请高峰已过，技术也日渐成熟，如图 4-12 所示。

传统 LCD 投影技术：主要是将液晶屏显示内容通过反射改变光源角度，最终在挡风玻璃上成像，如图 4-13 所示。其缺点在于光线经过液晶后亮度会有一定程度的衰减，并且因为液晶之间有一定的距离，故其分辨率与清晰度存在缺陷与不足。

MEMS 激光投影技术：使用具有较高功率的红、绿、蓝（三基色）单色激光器为光源。激光在机器内经过相应的光学元件和处理芯片的整合与扫描后投射在显示屏上。其技术优势在于色域空间大、色饱和度高、分辨率高。

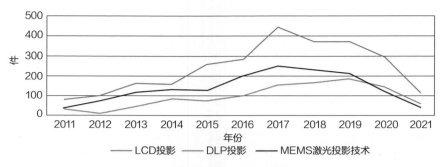

图 4-12　全球 HUD 投影技术专利数演变

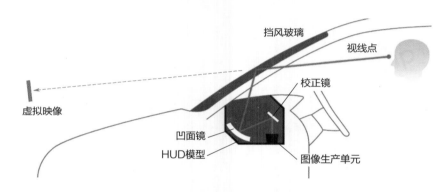

图 4-13　传统 LCD 投影技术

DLP 投影技术：是一种以数字微镜装置作为成像器件，通过调节反射光实现投射图像的投影技术。其技术优势在于投影效果亮度高、分辨率高、成像逼真，而且在 AR-HUD 体系设计中，具有温升控制功能的 DLP 投影技术相比 LCD 投影技术更具优势。

LCOS 投影技术：LCOS 硅基液晶技术属于新型反射式 Micro LCD 投影技术，是一种基于反射模式的微型矩阵液晶显示技术，采用涂有液晶硅的 CMOS 集成电路芯片作为基片，像素尺寸大小为微米级别。LCOS 数据容量大于上述三种技术。LCOS 投影优点在于其更优越的亮度、分辨率、对比度，且在信息显示上比 DLP 投影技术更灵活方便。

以上四种投影技术各有各的优势和缺点，如图 4-14 所示。

汽车前挡玻璃的自由曲面会导致成像扭曲，进而形成图像畸变，因此 W-HUD 和 AR-HUD 依赖前挡玻璃成像时，需要采用与之配合的高精度和低粗糙度的自由曲面镜，以适配不同尺寸和曲率的前挡玻璃，减少畸变，提高 HUD 投影质量。

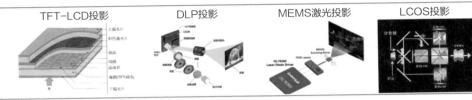

	TFT-LCD投影	DLP投影	MEMS激光投影	LCOS投影
优点	技术最成熟；成本较低，易于量产	技术较为成熟；亮度、对比度较高；散热效果好	亮度高、色域广；成像面积较大	亮度、分辨率、对比度优越；光学效率高
缺点	视野有限；分辨率较低；存在散热问题	成本较高；易出现图像对位、重影、失真等问题	技术成熟度较低；激光二极管的工作温度无法满足车规级要求	技术成熟度较低；成本很高，难以量产

图 4-14　四种投影主流技术路线的优缺点

资料来源：亚洲新能源汽车网、智能汽车俱乐部、天风证券研究所

前挡玻璃是夹层玻璃，前后两个面会分别反射，产生重影，必须进行矫正，目前主要有两种解决方案：

❶ 采用楔形 PVB 膜夹层玻璃。相较于普通玻璃夹层，其将夹层玻璃内部 PVB 膜片设计成上厚下薄的楔形状，类似凸透镜，可以重叠主像和副像，从而矫正重影，如图 4-15 所示。

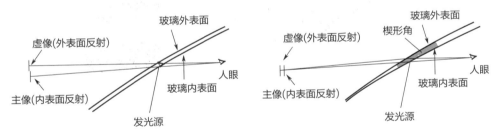

图 4-15　普通玻璃成像产生重影及楔形 PVB 膜夹层玻璃矫正重影

资料来源：智能汽车俱乐部、天风证券研究所

❷ 采用风挡镀膜工艺。该方法将一层反射膜层附加在外层玻璃或者内层玻璃的内边面上，利用夹层前挡上沉积的透明纳米膜和偏振光组合作用，可以削弱非镀膜表面反射的副像，同时增强透明纳米膜反射的主像，通过提高主像和副像的亮度比值以达到目视无重影的效果。

智能座舱对操作便利性和座舱娱乐性的需求在不断提升。从"以产品为中心"到"以用户为中心"的转变，对人与车的交互提出了更高的要求。随着

HUD 显示效果的提升，其受欢迎程度越来越大。目前市场上以 W-HUD 为主，AR-HUD 也开始规模化装配。在未来，随着 AR-HUD 技术的成熟，在 AR 技术的加持下，智能座舱的交互前景将令人更加向往。

4.4.2 显示屏

车载显示屏指安装在汽车内部的显示屏，主要用于驾驶辅助、交互与娱乐。按照安装位置，大致有仪表显示屏、抬头显示屏、流媒体后视镜显示屏、中控显示屏、副驾驶与后排娱乐显示屏，如图 4-16 所示。

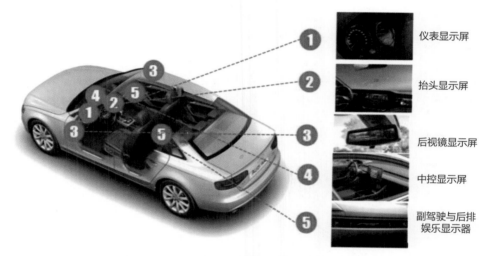

图 4-16 车载显示屏分类（按安装位置划分）

车载显示屏技术已经发展很多年，各类新的技术应用也层出不穷，目前有LCD、OLED、Mini LED、Micro LED 等，具体细节见表 4-1。

车载的任何产品都应符合汽车行业的要求，包括亮度高、寿命长、反应快、运作温度区间大等，任何一项不满足都会影响到用户交互的安全和体验。各项显示技术的性能参数对比如表 4-2 所示。

LCD 除了成本较低、技术成熟度高外，其显示亮度、运作温度区间、柔性化、反应时间等都一般，而市场占有率很高。随着各显示技术的发展，OLED等技术不断成熟，如 Mini LED，其发光点能通过电压控制，因此其色域、对比度、HDR 等效果会更好，不过其难以轻薄化。

Mini LED 背光屏的优势有：高亮度、高对比度、高 HDR（即苹果口中的

表 4-1 显示屏技术类型介绍

技术名称	技术介绍
LCD	液晶显示器，通过电流改变两片极化材料间的液体水晶溶液的排布成像
TFT-LCD	使用薄膜晶体管技术改善影响品质的液晶显示器
LED	发光二极管，通过电子与空穴复合释放能量发光
OLED	有机发光半导体，通过载流子的注入与复合而产生发光现象的电流型有机发光元件
AMOLED	主动矩阵有机发光二极管，属于 OLED 的一种
Mini LED	芯片的尺寸较小的 LED 器件，介于 50～200μm 之间
Micro LED	在一个芯片上集成的高密度微小尺寸的 LED 阵列，属于 LED 微缩化与矩阵化技术

表 4-2 不同种类显示屏性能比较

比较维度	LCD	OLED	Mini LED	Micro LED
亮度	低	中	高	高
对比度	1000～5000:1	1000000:1	100000:1	1000000:1
运作温度	−20～70℃	−40～85℃	−100～120℃	−100～120℃
寿命	中等	中等	长	长
成本	低	中	高	高
柔性	不可弯曲	可弯曲	可弯曲	可弯曲
反应时间	毫秒级	微秒级	纳秒级	纳秒级
可视角度	160°	180°	180°	180°
技术成熟度	成熟	成熟	可逐步实现	不成熟

资料来源：头豹研究院《2021 年中国车载显示器行业概览》、天风证券研究所。

XDR）；色域更广、颜色更饱和；峰值亮度提升 3～5 倍（＞1000cd/m²）；与 OLED 相比，显示寿命延长 3～5 倍，省电多达 80%，成本更低；目前有着大量的 LCD 产线，稍经改造，便可进行批量生产，降低 Mini LED 产品成本，保障产能。

作为更智能化的人机交互（HMI）的代表，车载显示屏不仅是娱乐系统，还需要为智能座舱整合自动驾驶的信息、有效传递路面实况信息、及时提醒危险路况等。车载显示屏的配备，无论是尺寸、分辨率、块数，都在急速上涨。

在智能网联时代，出行场景和生活场景都是用户消费体验的发力点，车联网和家庭物联网的融合已经开始，车载显示屏是其中关键的交互载体，多屏化、集成化、高性能必将带来娱乐性、安全性、便捷性的提升。

多屏交互是目前车载显示屏重点发展方向，传统的汽车座舱内，中控屏、仪表、后排显示屏等都是独立存在的，而当前融合多屏、多屏联动等都是重要的发展形态。按照车内人员分布，屏幕划分为多个位置，如图4-17所示。

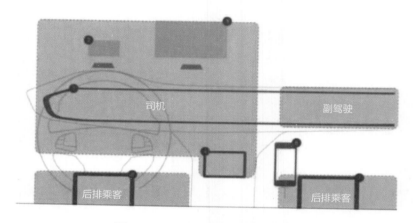

图4-17　车内人员屏幕区域划分

资料来源：ITAS、天风证券研究所

多屏联动的模式对于智能座舱的场景体验有着很大提升，见表4-3。

❶ 显示面积叠加和增大，显示的内容和数据增多。

❷ 互动性增强，驾驶员、副驾、后排乘客可组合成多种多样的交互场景。

❸ 定制的个性化内容可以出现在任一座位前，娱乐性和互不干扰性更强。

在前文也提到过，一芯多屏的技术方案能有效降低多屏方案的成本，大幅降低通信时间，同时可靠性大大增强。一芯多屏架构的实现有两种途径，一种是硬件隔离（Hardware Partition），另一种是虚拟机监视器（Hypervisor），之前章节已有阐述。

4.4.3　声学

声、光、电是智能座舱交互方式最为"朴实无华"的表述形式。如果智能网联和万物智化是电，光则代表车载显示器和智能表面，声则包含哨兵警示的部分，还包含座舱声场的管理和沉浸式体验。

表 4-3 多屏互联模式分类

多屏模式	功能
本地多屏模式	驾驶员可根据自身需求，选择仪表屏幕的显示模式，乘客可以根据不同屏幕所展示的信息，根据需要开启屏幕上的信息。副驾驶想用中控屏幕看看 MV 听听歌也完全可行
异地多屏模式	用户可以实现手机端、电脑端、车机端三屏的信息交互，如在手机或电脑端提前规划好目的地、路径，开车前直接下发给车机
导航＋挡风玻璃	未来的挡风玻璃被赋予展示信息的属性，可以变成巨大的显示器，加载各种有用的信息辅助驾驶，如将导航信息从中控屏幕直接拖动到挡风玻璃屏幕进行展示
互动＋驾驶侧面屏	信息的交互可以通过副驾驶或者乘客直接传递给驾驶员，如后排的乘客可以接电话或者选择性操作，通过后座显示屏发送到驾驶侧面屏上显示
全息管家的"走动"	利用全息屏的不同位置，进行跨屏操作，如前排的管家可以出现在后排，然后与乘客互动，信息传递更加方便
手机娱乐＋天窗显示屏	手机屏和汽车内所有屏幕都可以进行跨客户端联动，当然手机娱乐系统结合汽车的天窗显示屏，会增加更多的娱乐性，如将电影、手游等投放到天窗显示屏，乘客躺在车里也可以享受更大屏操作的快感

资料来源：汽车之家、天风证券研究所。

当汽车不再为力学性能、动力性能而着迷的时候，更精致、极致体验的智能座舱就成了汽车在未来移动终端的一个核心发展方向。

智能座舱的声学，是交互的核心载体，主要为用户提供沉浸式的升级体验，如音乐头枕，见图 4-18，其优势为：

❶ 听觉感受更加舒适、质量更高；

❷ 分区交互和个性化需求；

❸ 主动交互。

若用户对音乐音质有更完美的需求，对于视听、游戏有着沉浸式的需求，则对于声学软硬件的要求更高。

硬件上，需要配合视听需求和位置，配置更多的扬声器和功效，以及更高的功率。软件上，需要提升声学品质，增强麦克风扩音以及车载音响的信号处理技术。因此，行业变化与用户偏好的双向奔赴促进了声学配置数据高端化的进程，如图 4-19 所示，新能源车型扬声器平均配备数比同价位燃油车要高，且越高端的车型差值越大。

图 4-18　宝马 7 系音乐头枕

资料来源：宝马官网、天风证券研究所

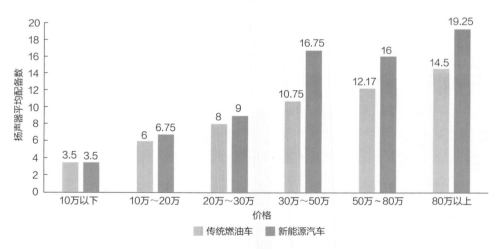

图 4-19　部分燃油车与新能源车型扬声器平均配备数对比

资料来源：易车网、天风证券研究所

　　另外，语音助手的能力越来越强，除了传统的导航、音乐，其渐渐扩展到控制车内硬件，如空调、车窗等，更有智能机器人成为可乘人员的陪伴角色。

　　汽车智能座舱声学软硬件主要包含以下部分。

　　❶ 硬件：扬声器、车载功放、车辆声学警示系统（Acoustic Vehicle Alert System，AVAS）等，如图 4-20 所示。

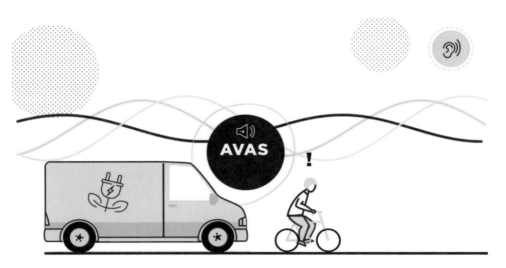

图 4-20　车辆声学警示系统 AVAS

❷ 软件：整车调音技术、声学信号处理技术（如音效算法、移频算法、声浪模拟算法、车内主动降噪、多区域声场重放、扬声器阵列宽带声场控制等）。

图 4-21 显示的是主要车载声学产品及分布。

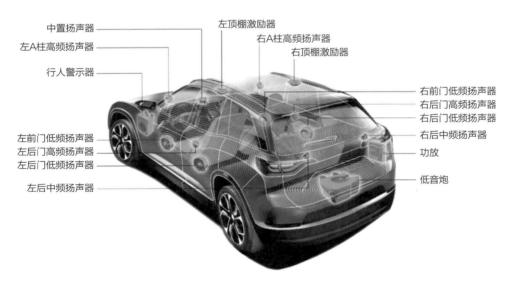

图 4-21　主要车载声学产品及分布

资料来源：上海电子招股书、天风证券研究所

- 车载扬声器包括高/中/低/全频扬声器、低音炮等。由于汽车声学环境不比专业的音响室，各种噪声源多，同时车内空间不宽裕，车载扬声器设计、布局非常有难度。对于车载扬声器而言，额定功率、额定阻抗、谐振频率、频率响应范围、指向性、灵敏度、失真等性能指标决定了音质的好坏，但是用户的主观评价才是决定性的。

- 车载功放（功率放大器）是声学系统中的关键部件，将音频输入信号进行选择与预处理，通过功率放大芯片将音频信号放大，用来驱动扬声器重放声音。现在多为数字功放，其具有稳定性高、抗干扰能力强、失真小、噪声低、动态范围大等特点。为了满足芯片散热的要求，减少电路排布带来的杂音，功放趋向外放独立布置。

- AVAS 为新能源汽车兴起的配套产品，新能源汽车整体比较安静，国内外法规要求（FMVSS141、UNR138、EU 540 以及 GB/T 37153—2018 等）如表 4-4 所示，通过警示音去警示其他的道路使用者。AVAS 通过采集车速、挡位等信号感知车辆状态，并通过处理器应用不同的声学信号算法，最终针对不同车速发出对应的警示音。

表 4-4 各国 AVAS 相关法规

国家	实施时间	法律/标准	具体内容
中国	2018 年 1 月 1 日	GB 7258—2017《机动车运行安全技术条件》	纯电动汽车、插电式混合动力汽车在车辆起步且车速低于 20km/h 时，应能给车外人员发出适当的警示性声响
中国	2019 年 7 月 1 日	GB/T 37153—2018《电动汽车低速提示音》	规定了电动汽车低速行驶提示音工作的车速范围、声级限值、频率要求声音类型以及暂停开关等要求和试验方法
美国	2010 年	《行人安全促进法案》	要求为时速低于 18 英里时声音过低的汽车人为增加噪声
美国	2018 年 9 月 1 日	FMVSS141	对速度响应范围内静止、倒车、匀速分区规定每个 1/3 倍频程频率对应声压级
日本	2018 年 3 月	Nat. Reg. TRIAS 43（7）Art67.3	强制规定 2018 年 3 月以后生产的油电混动车、电动车都必须加装车辆接近通报装置，以确保行人安全
欧洲	2016 年	UNRegulationNo.138（UNR138.00）	0～20km/h 车速行驶中必须发出提示音，强制规定起步、倒车模式下电动车提速提示音
欧洲	2017 年	UNR138.01	1/3 倍频程测量值不允许修正背景噪声

续表

国家	实施时间	法律 / 标准	具体内容
欧洲	2019 年 7 月	EU 540/2014	制造商应在 2021 年 7 月 1 日前在所有新型混合动力和纯电动汽车上安装 AVAS，以便盲人、视力受损的行人和骑自行车的人以及其他道路使用者依靠声音信号来了解这些车辆的接近、存在或离开

资料来源：中华人民共和国国家标准、腾讯科技公众号、汽车测试网、新能源汽车新闻 EV 公众号、联合国欧洲经济委员会、motorvehicleregs.com 网站、eur-lex.europa.eu 网站、天风证券研究所。

注：英里（mile），1mile=1609.344m。

- ◆ 麦克风。最为吸人眼球的就是车载 KTV 功能，搭配车载 KTV 以及车载音乐软件，可使之成为汽车声学另一个领地。
- ◆ 主动降噪。汽车在行驶过程中，有很多噪声源：发动机噪声、风噪、路噪。而主动降噪，在于收集噪声源的声波并发出反向声波进行相互抵消，进而达到降噪的目的。

声学是软硬件一体化的交互载体，在多种交互场景中起着独一无二的作用，既可作为"哨兵"式的警示，也是沉浸式体验的重要交互方式，如在观影、听音乐、游戏等场景中。随着软件能力的提升，在个性化和隐私性上也将有所突破，向用户提供独一无二的交互体验。

4.4.4 座椅

汽车座椅是汽车座舱内极为重要的配置，也是被动安全的重要部件，直接影响到乘坐人员的舒适性体验和功能性体验，同时为用户的安全保驾护航。

汽车座椅的结构复杂、功能丰富，涉及学科相当复杂，包含材料、人机、制造、电子、纺织、金属等。在传统汽车里，座椅是除了汽车动力系统外较为昂贵的部件之一。

汽车座椅产品按照其零部件结构主要可分为座椅骨架、座椅电机、座椅驱动器、调角器、滑轨、发泡体、面罩等，如图 4-22 所示。

- ◆ 座椅滑轨：座椅滑轨是调节座椅前后、保持固定与锁止的装置，是重要的安全件。座椅滑轨的技术难点主要在于滑动结构制造技术与锁止装置技术。
- ◆ 座椅电机：座椅电机是实现汽车座椅电动控制，为调节座椅提供动力。电机体积小、重量轻、高效、平稳、低噪。根据所要求的调节功能的不同，座椅电机可分为水平调节电机、调角电机、前抬高电机、后抬高电机四类。

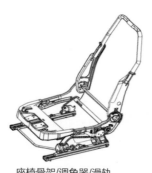 

座椅骨架/调角器/滑轨　　　座椅电机/加热装置　　　　海绵发泡体/面罩

图 4-22　座椅拆解图

资料来源：天风证券研究所

◆　座椅驱动器：座椅驱动器可实现座椅位置的自动调节。

◆　座椅调角器：座椅调角器是实现汽车座椅靠背仰卧和折叠运动的装置。

在智能座舱中，轻量化、智能化、舒适、个性化的座椅一直是座椅设计的核心追求。

在座椅轻量化方面，主要通过使用新材料和新工艺实现。材料方面有高强度钢、镁铝合金和碳纤维等，工艺方面包括热成型、辊压成型、激光焊接等。

汽车座椅毫无疑问是智能座舱中的核心载体之一，如图 4-23 所示，其中包含多场景嵌入（位置重组、场景深化）、智能化控制（小助理、手势控制等）以及座舱监控（心率、呼吸频率、体温等）的一部分功能。

图 4-23　某概念车自适应座椅

资料来源：汽车之家、天风证券研究所

在智能化方面，有主动式头枕、安全预警、防瞌睡振动；在监控身体状态方面，有脑电波、心率、体温监测。配合车内摄像头，可更为精准和及时地掌握驾驶员的状态，从而进行主动提醒，避免安全性问题。

座椅首先要舒适，作为用户车内接触最多的系统，汽车座椅的舒适与否直接影响用户体验。因此，从舒适度的人机工学设计开始，再到多重功能（通风、加热、按摩等），并与场景联合，形成沉浸式体验。

例如，零重力座椅是让座椅在展开后完美贴合人体的曲线，腰部零压角，腿部零压角，同时心脏重心与腿部中心高度差减少，降低心脏负荷，让用户感受到被完全托住的极致放松感。此外，海绵等表面材料的使用也要考虑用户肌体的触感，以给予最佳的触觉体验，如图4-24所示。

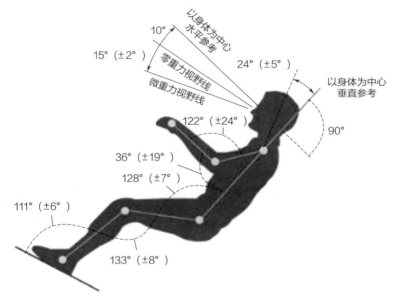

图 4-24 舒适坐姿 = 零重力 + 压力释放

个性化的需求，首先体现在针对不同用户采取不同的交互方案，如老人和小孩的需求是不一样的，其次是场景的差异，如工作模式和礼遇模式。个性化的需求往往直击用户购买意愿，同样场景的丰富，也将最大化用户的投入，可拓宽产品的覆盖面。

正如我们在人机交互反馈中提到的，座椅是一个集成度很高的产品，在座舱内，最不可能被简化的是座椅，而最大化场景体验的也可能是座椅。因为座椅的体验是长期性的，任何的不舒适都可能被察觉，因此座椅不仅其用户体验至关重要，它在整个智能座舱的场景体验占比也是极大的，是需要引起足够重视的产品。

4.4.5　氛围灯

氛围灯的发展源于照地灯、地图带灯、门把手灯，最初都是单色的点光源，逐步发展到多色和反射式线性氛围灯，其发展是比较缓慢的。现在氛围灯已经成为必不可少的一项场景和氛围打造的智能配置，如图 4-25 所示。

图 4-25　奔驰 S 系列氛围灯

氛围灯参与用户上车—驾驶—下车的所有的场景。例如，靠近车辆的欢迎模式，体现的是仪式感；到达目的地后，通过动态效果营造送别的氛围；而在乘坐车辆的过程中，氛围灯除了常规的动静态模式外，还可以与驾驶状态、来电提醒、后方来车提醒、危险驾驶相结合，提高智能座舱的安全性。而很多场景下，如影院模式、休憩模式、音乐模式下，氛围灯可以营造足够的氛围，向用户提供情绪价值，如图 4-26 所示。

氛围灯典型结构如图 4-27 所示，由光源驱动 PCBA 驱动 LED 灯珠发光，通过线性或面导光板结构形成区域发光。导光板的光学结构设计直接关系到导光区域的亮度和均匀度，再者跟表面装饰件和发射面的材质相结合，可形成更加美观和愉悦的发光效果。

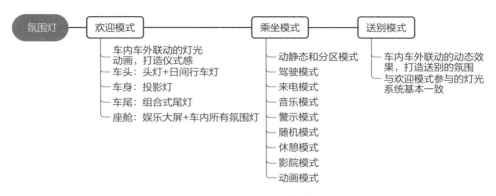

图 4-26　氛围灯模式

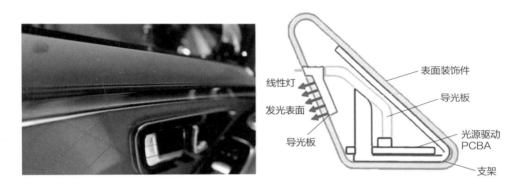

图 4-27　氛围灯结构

如果在一条线或者一个面上有足够的 LED 灯珠，就相当于这条线和这个面上每一个发光灯珠都是一个受控的 RGB 像素点，根据 LED 灯珠阵列的控制程序，可以在多个维度上形成灯光表达，这其实与显示屏的原理就差不多了，只不过分辨率受到成本和布置的影响。

从系统的角度，氛围灯控制器并不是级别很高的控制器。氛围灯控制器抓取到 CAN 总线上来自车身、娱乐系统、人机交互、无钥匙进入、雷达等的信号，根据预设的程序对信号进行解析，并通过 LIN 报文传递给氛围灯节点，整车氛围灯节点根据指令执行亮灭、亮度变化、颜色变化等操作。氛围灯控制器的预设程序可以 OTA 升级以及在未来更新，如图 4-28 所示。

氛围灯本质上是为场景提供照明效果，在不同的空间、时间、情景下，选择美观和适宜的亮度、颜色、温度、方向等，从而营造出氛围感。在未来，色彩、人性化、呈现美学、场景搭配方式将是氛围灯设计需要深入探讨的课题。

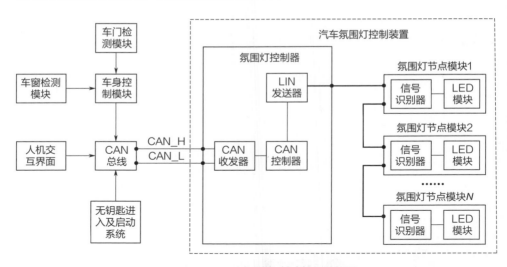

图 4-28　一种氛围灯控制器原理图

4.4.6　智能表面

表面材料 + 电子即可生成全新体验（图 4-29）。电子相当于赋予物理材料另外一种生命表现方式，用户通过触碰、声音、姿势、开关、摄像头等方式开启座舱表面的全新交互方式，如灯光、声音、香氛、触觉反馈、机械动作等。我们把这类产品都称之为智能表面，智能表面是用户主动或被动交互的主要界面。

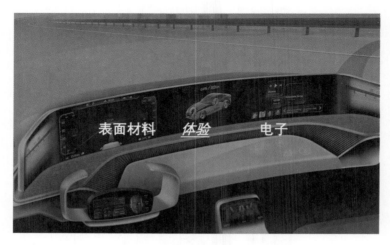

图 4-29　表面材料 + 电子 = 体验

如图 4-30 所示，智能表面所覆盖的区域有主副仪表板面板、座椅包覆、立柱、顶棚、门板侧面板以及扶手。这些表面区域可以整合电容感应开关、氛围灯、控制单元、语音模块、振动传感器、摄像头等，让之前纯装饰的表面有交互的能力，可以通过声音、光、触控、振动与用户进行交流。

图 4-30　智能表面覆盖区域

按照从上到下、从前到后的顺序，不包括天窗，仅在顶棚表面就可以布置氛围灯和麦克风/扬声器阵列，不仅仅可以打造星空顶，还可打造专属音场；方向盘则是可以在舒适度上提供加热，在警示上提供振动反馈，还可以配合立柱或仪表处的摄像头监测驾驶员的双手是否离开方向盘等；在主副仪表台、门板侧面板以及扶手区域都可以集成开关面板和氛围灯，既彰显科技感，又能提供场景服务；在座椅包覆区域之下，完全可以预埋监测和报警模块，配合场景的需求。随着新材料的应用，还可以利用导电纤维、中空纤维等打造新的传感器，作为辅助安全配置，如图 4-31 所示。

从图 4-32 来看，座舱域的控制器可以通过云端识别到用户的个性化设定，在通过智能表面与用户交互时，结合安全性要求接收来自表面的感知输入或硬按键输入，从而完成交互体验和交互反馈。

整体来看，智能表面是中间交互载体，其背后的智能化由材料学、感知学以及交互反馈技术等决定，智能表面的智能非常直观，会立刻被用户感知，这种交互越自然越聪明，则体验感越好，这也是一直在强调的那种无缝的、贴心的交互。

图 4-31 智能表面应用案例

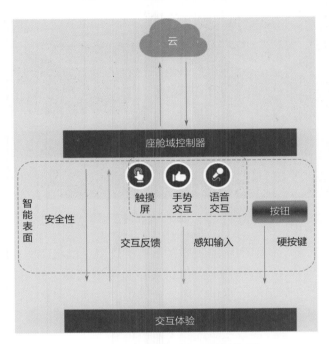

图 4-32 智能表面交互体验框图

至此, 已经梳理了六种类型的交互载体, 当然还有很多交互载体及其所在的细分领域并没有一一介绍。但是无论哪种交互载体, 为了保障其开发策略和方法能跟上用户的需求和体验, 真正做到 "以用户为中心", 厂商一方面要潜心打造基于感知 - 融合 - 决策 - 执行各个环节的技术能力, 另一方面也要从竞争策略、产品开发方法、组织架构上予以变革。只有如此, 才能够跟上科技革命的浪潮, 能够在面对竞争时从发展战略上不落下风。

第 **5** 章

智能座舱链发展分析

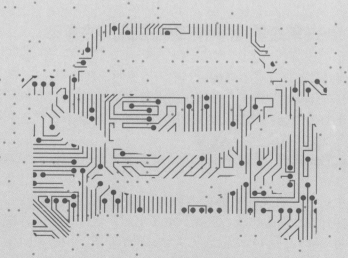

智能座舱产业作为汽车智能化的代表领域,成为兵家必争之地,这一点已经毋庸置疑,在国内,其产业规模正朝着千亿元的产值迈进。现在厂商在做产品规划和软件整合时,下游供应商也能提供各大系统的如"一芯多屏"的解决方案,以及语音技术、OTA 服务等,原来以提供物理系统为主的供应商,角色也在发生迁移。

对于主机厂而言,是成为硬件设备提供商,还是数据的管理者,是否提供软硬件一体化的封闭系统,大家都在选择和布局,在变革和转型。

对于智能座舱产品而言,其体现企业的横向整合能力,在产品开发的思路上,也呈现截然不同的框架:由原本的 V 形开发转为迭代开发,由原先以功能为导向转为以体验为导向。与此同时,产业的价值链条也呈现出显著的迁移,数字化和智能化所代表的软件能力占比不断上升,与之对应的软件和信息技术在汽车行业得到极大的提升。

研究智能座舱,也是从一个新兴领域向汽车行业"新四化"的远大目标所产生的战略思维转变,对于从业者来说是一次很好的总结,对于初入者来说是一次有益的讨论。

5.1 新兴车企的竞争和传统主机厂的变革

在任何时代的任何竞争环境中,唯一不变的就是改变本身。

身处汽车行业变迁的关口,汽车行业等来了最好的发展机遇。而促成这一切的是造车新势力的新兴车企,它们如同鲶鱼一样搅动着汽车产业的大环境,促进汽车产业生态革命。

首先我们比较一下传统主机厂和新兴车企,看一看他们之间都有着什么过人之处。

把车企跟产品有关的核心能力分为产品规划、产品市场、产品开发(硬件有车身内外饰、动力总成、底盘、电子电器,软件有 EEA、软硬件一体化、ADS、智能座舱)、整车工程(人机工学、整车布置、动态、NVH、人机交互、整车测试、安全与法规)、营销、售后服务等,然后把传统主机厂和新兴车企(互联网创业车企、新兴新能源车企)在各自领域的表现做个定性对比。

传统主机厂是指像大众、通用、奥迪、宝马、福特等厂商,新兴车企是指特斯拉、蔚来、小鹏、理想等,车型都锁定在新能源车型(新能源车型的市场渗透率已达 25%,新能源汽车成为汽车产业的未来趋势已不可逆转)。

首先，传统主机厂绕不开其几十上百年的沉淀和包袱，这些既是财富更是负担。新兴车企反而是一张白纸，一方面是没什么造车经验，另一方面能直接从未来的汽车开发的需求和技术趋势着眼，展开谋划。

表 5-1 为汽车新旧势力在各个维度相对比的情况。

表 5-1 汽车新旧势力在产品各个维度的对比

产品开发维度			传统主机厂	新兴势力	备注
产品规划			+++	++++	传统主机厂受制于技术储备，产品规划落地难
产品市场			++	++++	传统主机厂受制于主营业务负担，顾此失彼
产品开发	硬件	车身	+++++	+++	传统主机厂强项，新兴车企积累中
		动力总成	+++	++++	仅比较新能源动力总成
		底盘	++	++++	传统主机厂全新电动平台落地晚
		电子电器	++++	++++	不分伯仲，都依赖供应商
	软件	EEA	+	++++	新兴车企走得很靠前，中央超算已经有量产计划
		软硬件一体化	+	++++	传统主机厂还在进入域控制器阶段居多
		ADAS	++++	++++	传统主机厂和新兴车企都早有布局，前者谨慎
		智能座舱	+++	++++	新兴车企领先，传统主机厂跟随居多
整车工程	人机工学		+++++	+++	传统主机厂积累良多
	整车布置		+++++	+++	传统主机厂积累良多
	动态		+++++	+++	传统主机厂积累良多
	NVH		+++++	++++	传统主机厂积累良多
	人机交互		+++	++++	新兴车企的交互与用户场景结合更好
	整车测试		+++++	+++	迭代和累积思维的碰撞
	安全与法规		++++	++++	都很重视
营销			+++	++++	需要跟上互联网思维和自媒体时代
服务			+++	++++	全生命周期的服务，服务是车的一部分

　　不难看出，传统主机厂在整车工程上因为长期的积淀，具备整套的整车工程能力，但是在人机交互、用户体验与用户场景的结合上不如新兴车企。对于新能源产品开发而言，传统主机厂因为更换赛道的原因，几乎丢掉了原本所有的优势，尤其是在全新集中式的 EEA 架构下的电气化平台和软硬件一体化之上。软件定义汽车，使能智能座舱和自动驾驶，传统主机厂都在跟随新兴车企。另外，其市场和规划也因为传统业务的负担和视野以及融资能力的问题，在新能源车型规划上已经明显落后。最后，前端的营销和服务更是被具有互联网思维和用户中心思维的新兴车企所领先，传统主机厂在人才、运营思维、营销和推广手段、订阅服务、电池方案、用户维护以及二手车等方面需要补齐短板。

　　如果需要寻找到一个整合的路径，完成"大象转身"，应当如何做组织调整和战略改革呢？

　　总结起来：以用户和场景为中心的生态战略，分拆 - 再集中 - 生态化。

　　如果把下一代汽车称之为智能汽车，企业首先要做的就是由制造产品价值转变为构建生态价值，要塑造自己的生态思维、数字化思维、系统性思维。那么全新的主机厂的核心能力和业务，应聚焦到生态系统的打造，即在供给侧打造"规模、体验、智能"的新增长三角。

　　（1）分拆

　　分拆的目的是要将传统业务、新能源业务以及出行业务独立。原因是新业务需要长期的投资，在财务上并不能帮助公司，而传统业务目前对于各个主机厂来说是资金和利润的保障。例如，最近福特将业务重新拆分为电动汽车业务单元 Ford Model e 和燃油车业务单元 Ford Blue，体现了其转型的决心，并引得投资人的青睐，如图 5-1 所示。

　　独立运转的好处不仅仅在于吸引投资，也利于其在企业战略和内部变革上寻找最佳的环境，减少阻力，以便于实现敏捷性组织转型、创新方式的激励、组织生态的进化、设计理念转向服务型等。

　　（2）再集中

　　体现为传统车企内部资源的集中。当断不断，反受其乱。过去一段时间，不绝于耳的是各大主机厂的全球性裁员，裁员的目的之一是紧缩当前的投入，整合资源投入到电动汽车、智能化和自动驾驶等领域。

　　除了企业战略层面上的资源集中，最重要的一点依然是传统主机厂优势资源的集中。以往将产品层层下放到各个功能部门再回归到整车的产品开发思路已然失效，被拉长的开发周期使得产品上市要承受的风险更大。

　　未来需要以用户需求和场景为中心，重新整合研发能力，需要打破各个功能团队的藩篱，让团队紧密围绕在用户价值之上。

(a) Ford Model e

(b) Ford Blue

图 5-1　福特分拆业务部分为 Ford Model e 和 Ford Blue

以 NIO Power 为例，其围绕新能源汽车的电池，真正做到以用户为中心的业务模式，家庭充电桩、超充站、换电站、一键加电，还有 Battery as a Service 的服务模式，覆盖了用户与电池有关的所有场景。

例如，要设计一个沉浸式纪念日提醒的功能，你必须要有端到端的产品能力，图 5-2 所有的部门都需要参与到这个功能的开发中，并为用户体验而负责。现实中，要组织起如此多的部门并为之体验而负责的话，在传统的金字塔式管理模式下，内耗很高。

集中的另一层意思，正是在主机厂内部集中组建高效敏捷的组织架构，将各个功能团队整合到一起，做好产品的核心规划、软硬件设计、测试和服务，将增值量较低的业务转向外包和集中的后台团队。

（3）生态化

生态战略在后互联网时代，特别是移动互联网技术的发展中被赋予了更为核心的地位，是用户全生命周期管理中的关键特征。

生态战略中的生态化思维、大数据思维和系统性思维将形成一个平台组织，包含敏捷前台、共享中台和强大后台。

产品规划			
产品市场			
产品开发	硬件		车身
			动力总成
			底盘
			电子电器
	软件		EEA
			软硬件一体化
			ADS
			智能座舱
整车工程	人机工学		
	整车布置		
	NVH		
	人机交互		
	整车测试		
	安全与法规		
营销			
服务			

图 5-2 一个功能开发过程中需要打通的部门

也许大多数人对特斯拉汽车的领先优势是有所误解的，特斯拉的纯视觉自动驾驶方案为其累积的数据，会不会使其成为 AI 机器人的一个代表性产品？特斯拉的 Solar City 和电动汽车的普及的关系如何？超级工厂的智能化程度和一体式压铸技术的应用，是不是制造业另一项革命？可以说，特斯拉的生态战略不仅强化了自己的竞争力，也使得其生态伙伴依赖于特斯拉带来的生态重塑供应链体系，达到共生共赢。

未来企业生态化发展的战略正是将各个组织之间通过平台化加以整合，从而形成强大的平台能力，并以此具备灵活性、敏捷性、适应性和边界破坏性，适应更具有挑战性的竞争。

变革总是非常艰难的。首先传统主机厂要弄清楚哪些是不变的，如需求侧的利人利己和供给侧的"规模、分工、效率"的增长三角，哪些是变化的？其实，答案已经谈过，如改变在于从"以产品为中心"转为"以用户为中心"，以及因此而带来的"数据、个性化 / 服务、体验"新增长三角。而企业要做到的是抓住不变，主动变化。

智能座舱正是在这变革中不断成长起来的。这样的概念会迅速被行业所接受，成为各厂商整体竞争的新舞台。一个新品发布会，往往三分之一的时间在讲座舱智能化如何将场景设计和体验升级。"音乐厅""情感座舱"等智能座舱的概念不断出现，正从侧面证明这个领域竞争的激烈程度。

5.2 新旧产品开发方法

如图 5-3 所示，大家对于左边 V 形开发一定不陌生。过去的几十年中，汽车产品开发都遵循着"定义—系统设计—部件设计—零件设计—零件制造—零件验证—部件验证—系统验证"这样的模式。进入到软件定义汽车的时代，则遵循的是迭代开发的模式，即各个层级的设计和验证并行，关注验证机成熟度评估，通过不断迭代来解决问题，最终达成用户需求。

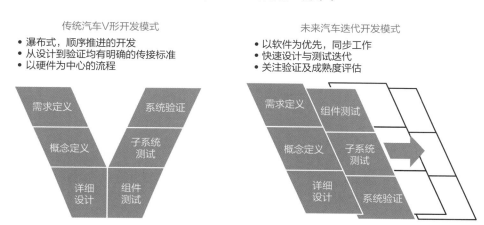

图 5-3　新旧开发模式的对比

旧的产品定义方法，以功能实现为主线，如图 5-4 所示。

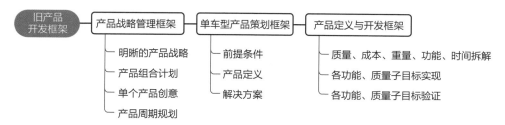

图 5-4　旧的产品开发思维导图

首先是产品战略管理框架，确保彰显品牌价值和稳健的产品周期规划，具体包含：明晰的产品战略、产品组合计划、单个产品创意、产品周期规划。

之后，通过单车型产品策划框架确定产品实现的前提条件及具体的产品定义和实现方案。

最后是产品定义与开发框架，即以 V 形开发模式进行目标分解、实现、验证。

新的产品开发框架以用户体验为主线，如图 5-5 所示。

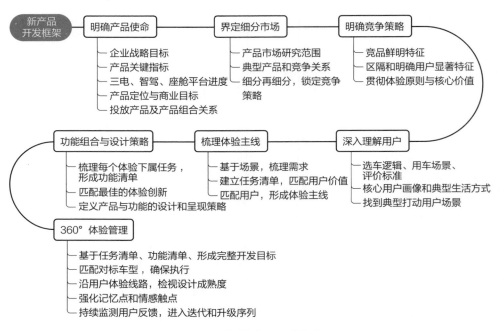

图 5-5 新的产品开发框架

从明确产品使命、界定细分市场的竞争关系出发来明确竞争策略，如自动驾驶和智能座舱的开发进度与产品市场定位和主打人群的契合度，以建立品牌形象。

进一步深入理解用户，确立体验原则和核心价值，细化到用户生活方式的每一步，并确立典型的打动用户的场景，如智能座舱的休憩模式，要让客户深度体验，产生心理触动。

梳理完体验主线，回归到产品任务和功能清单，选用匹配的创新手段去实现能够强化体验的策略；沿着用户体验路线，检视设计成熟度，强化记忆点；持续监测用户反馈，将待改进和不足之处加入下一迭代优化序列。

新旧产品采用的定义、开发、执行、考核方式的出发点是不一样的。旧产品的定义以往是以市场对标为起点，进行功能清单的增加和删除，以交付符合未来市场功能需求的车型；而新产品的开发则是以为用户打造超出用户常规体验的产品为起点，设定的出发点就是用户需求和体验，紧接着的开发、执行和考核都是以用户需求和体验有没有被满足为最高的标准进行的。

5.3 主机厂和产业链的价值迁移

汽车业价值链颠覆性时代已经到来。

按照 STEEP 的模型，大概可以整理出汽车行业的驱动因素，包含以下五个方面，如图 5-6 所示。

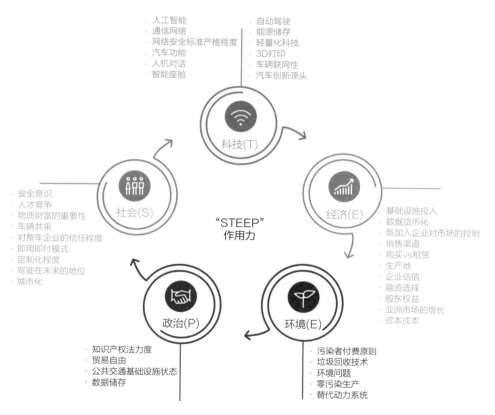

图 5-6 汽车行业驱动因素

❶ 社会（Society）：安全意识、车辆共乘、定制化程度、驾驶地位、城市化等。

❷ 科技（Technology）：人工智能、通信网络、智能座舱、自动驾驶、轻量化等。

❸ 经济（Economics）：基础设施投入、资本成本、市场增长、销售渠道等。

❹ 环境（Environment）：环境问题、替代动力系统、零污染生产等。

❺ 政治（Politics）：知识产权、数据存储、公共交通基础设施等。

当确定推动未来价值链发展的最为重要的驱动因素后，不难理解产业链是如何被重构的。研究并制定商业转型的策略，保证选择的转型战略符合预期，需要考虑各个驱动因素的确定性和影响力。而往往不确定性高但是影响力高的区域，存在更大的机会。不确定性高意味着机遇，意味着未来的方向，需要着重关注，如车联网、电动化、智能座舱、自动驾驶、供应商角色、人才竞争和环境监管等，如图 5-7 所示。

而在未来，汽车主机厂的方向包含硬件平台提供商、数据和出行的管理者、没落的巨头、裹足不前的车企。其中包含两个主要方向，一个是技术潜能开发，一个是产业链内的分工。

数据和出行管理者是未来车企保留整车运营能力以及技术的全面跟进，若只保留了整车，它只不过是硬件平台而已。在技术没有跟上的情况下，要么整车厂没落，要么没有未来，如图 5-8 所示。

（1）数据和出行管理者

互联和数据管理能力是成败的关键。共享出行、自动驾驶将成为人们生活的重要组成部分，并依托未来车企拥有并掌握的平台，通过智能座舱、云服务等向用户提供额外的技术和体验类订阅服务、信息娱乐服务，建立生态，形成品牌黏性。

（2）裹足不前的车企

因为数据安全或者自动驾驶出现重大问题后数据保护不力，以及在自动驾驶模式下出现重大事故，迫使车企在接受新技术的时候，应保持谨慎，减缓相关投入。这是一个不稳定的状态，创新还在继续，数字化、智能化没有停下脚步，因此这个状态会很快向其他状态转化。

（3）没落的巨头

当监管机构和消费者已经对车企失去信心，即使有补贴或者优惠政策，反应依然平淡，也就是科技流退潮。与此同时，互联网企业在自动驾驶等领域持续发力，一增一减，传统车企的品牌价值不断贬值，走向没落。

图 5-7　驱动因素的不确定程度和影响力程度

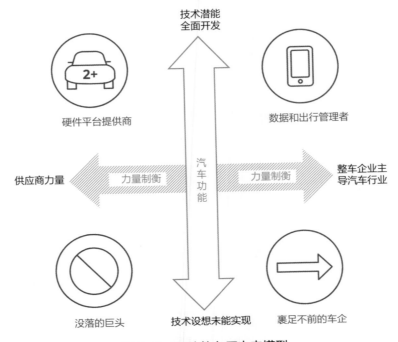

技术潜能
全面开发

硬件平台提供商

数据和出行管理者

供应商力量　　力量制衡　汽车功能　力量制衡　　整车企业主导汽车行业

没落的巨头　　　技术设想未能实现　　　裹足不前的车企

图 5-8　四种整车厂未来模型

（4）硬件平台提供商

软件定义汽车最终实现以软件为依托、具有标准化界面的科技产品，类似于华为、地平线、高通等，由他们提供全栈式软件服务，掌握和管理数据，而车企仅仅提供硬件平台，此时汽车的灵魂掌握在科技公司手里。

无论哪一种情景，都要求车企改革并实施对应战略，优化当前的投资方案，并持续监控未来发展的变化，修正企业路线，并最终达成战略目标。

主机厂在转型变革当中，让渡出来的原本由他们掌控的核心领域，使其中一部分被供应商所承接，因为软件定义汽车的背后是汽车软件价值的提高和汽车电子业务的繁荣。上汽集团董事长提到的"灵魂论"就道出一个现实，即智能化将成为汽车的灵魂。

随着智能座舱的发展，其产业链变得愈加复杂，更多新兴企业将在这个生态中占据一席之地，与座舱生态圈协调发展，新老企业将达到优势互补。新老企业不断延伸各自能力，探索产业链纵向和横向的延伸范围。智能座舱电子领域会有互联网企业、软件/算法企业的加入，而传统座舱的内饰部分，会有最新的科技公司和通信公司的参与，如图 5-9 所示。

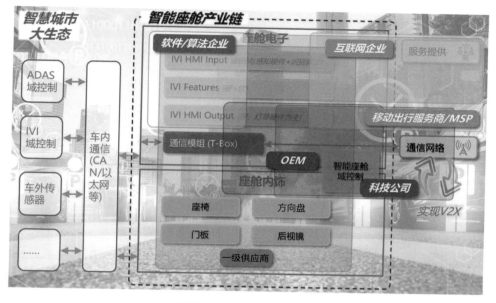

图 5-9 智能座舱产业链

传统的座舱产业附加值逐渐降低，迁移到高附加值的电子、软件、服务领域，在这些领域，产品解决方案的复用性、持续更新的能力，将进一步促进其构筑护城河，尤其是数据累积后的深度挖掘，既是它们的宝藏，也是相互竞争的砝码。

第 **6** 章

智能座舱案例解读

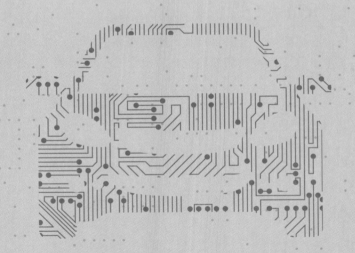

在前面章节中提到，智能座舱的发展在中国是得天时、地利、人和之便，而事实确实如此，中国市场上出现的智能座舱产品比全世界其他市场都要多，而且每一家的产品亮点都很突出。

本章主要选取两款智能座舱产品，分别是理想 L9 和小鹏 G9，来让我们一探究竟。

6.1 理想 L9

2022 年 6 月 21 日，理想的旗舰 L9 正式发布，智能座舱成为最大亮点。50 分钟的发布会中有三分之一的时间在讲智能座舱。经历了两年多的发展，智能座舱已经从功能的多样化真正拓展到智能移动生活空间的塑造。而从最近各个厂商的旗舰产品上看，L9 无论是从智能座舱的打造，还是与各大场景的融合上，都有着长足的进步，如图 6-1 所示。

图 6-1　L9 智能座舱

而厂商之所以在智能座舱上不断投入，其中一个原因是智能座舱的个性化、多样化、智能化是用户最容易感知的特点，也是直观的可以抓住用户的点。这也是厂商为打造产品而着重研究的制胜之策。

接下来从交互的方式，如视觉、语音、声学、触觉、手势及其多模交互场景来一一了解，另外了解一下理想如何从芯片和电子电气架构上实现智能座舱的各项体验和场景需求。

（1）视觉

理想 L9 标配 5 个显示屏：大尺寸 AR-HUD、方向盘上的 Mini LED 以及中控屏、副驾屏、后排娱乐屏，采用 3 块 15.7 英寸 ❶ 的 3K OLED 车规级屏幕，如图 6-2 所示。

图 6-2　L9 前排显示屏

AR-HUD 作为终极形态的抬头显示系统，借助 AR 增强现实技术，以自然的距离将相关信息叠加至实物之上，成像尺寸更大、质量更高，可以直接将显示信息贴合实际道路进行增强现实显示，方便给驾驶员更直观清晰的指引。

方向盘前有一块 Mini LED 屏幕，虽然法规要求方向盘前必须要有能直显的仪表，但是理想的做法更是讨巧，只有一个小巧的 Mini LED 材质的屏幕，还支持多点触控，可配合 AR-HUD 显示驾驶相关信息。

中控屏、副驾屏、后排娱乐屏采用 3 块 15.7 英寸的 3K OLED 车规级屏幕，最为重要的是这 3 块屏可以联动、投屏，完全被打通，后排娱乐屏的角度可以调整，还支持手势控制，当后排乘客处于半躺状态时，并不方便点击操作，手势控制作为辅助是个非常不错的选择。另外，显示屏可以连接 Switch，使整车成为游戏中心，如图 6-3 所示。

---

❶ 英寸（in）。1in=25.4mm。

图 6-3　L9 游戏中心

（2）语音

"理想同学"的语音功能是一直在 OTA 升级，除了常规的音乐、地图、车辆设置外，最新的功能已经包括连续对话、可见即可说、6 音区锁定和跨音区上下文对话。另外，手势交互结合语音做指向性语音操作，可以做到指着天窗说"打开这个"。

（3）声学 + 触觉

采用 7.3.4 全景声的音响布局（7 组扬声器组成全车环绕，3 个重低音单元组成低音矩阵，4 个顶部扬声器组成天空环绕），全车拥有 21 个扬声器，最大功率 2160W，声音品质由 Dirac Research 调节，可实现杜比全景声的极致效果，如图 6-4 所示。

图 6-4　7.3.4 全景声音响系统

同时，结合座椅振动和256色氛围灯，配合对应影视的特殊解码播放，可以打造4D的视听效果。

（4）悬空手势、指向操控

单独把这一项拿出来，是因为这个功能的实现在智能化的汽车上是第一次。据理想透露，基于高通开发的3D ToF接口，理想实现手势交互只用了3个月。其原理是，通过在车顶配备3D ToF传感器，可以识别手的姿势和运动轨迹，通过手的左右移动、握拳和张手，实现光标的移动和点击。

除了悬空手势之外，也可借由3D ToF传感器实现指向操控，指着对应的方位由语音发出指令即可。

尽管这一功能在体验的流畅度、准确度等方面还不尽完美，但在未来可以通过OTA进行优化，很具备想象的空间。

（5）芯片：2xSA8155P

两颗高通的SA8155P智能座舱芯片（图6-5），拥有24GB内存和256GB高速存储，一颗负责前排（包括中控屏、副驾屏、AR-HUD等），一颗负责后排（包含娱乐、投屏、AR/VR设备信息处理等）。

图6-5　两颗高通SA8155P芯片

高通的这款源自手机的芯片有着丰富的生态，单芯片本身就是多专多能，CPU跑虚拟机、系统、APPs，GPU搞定图形、3D美化显示、DPU多屏显示，还支持4G、5G、蓝牙，3DToF可以支持手势识别等，如图6-6所示。

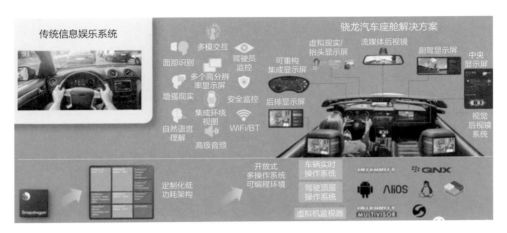

图 6-6　SoC 智能座舱生态

能够通过这款芯片将各个异构的功能整合在一起，彻底解决传统车企各个 ECU 之间难以整合和通信的问题，实现座舱的一体化和智能化。

（6）电子电气架构：集中式

理想 L9 的电子电气架构仅包含 XCU 整车中央域控制器 + 智能座舱 + 自动驾驶三大域控制器，如图 6-7 所示。

图 6-7　L9 自研域控制器

虽然这不是中央超算 + 以太网的架构，但其已经是集中度极高的电子电气架构布局。

（7）场景模式

得益于丰富的配置和集成化的架构，理想 L9 得以在"移动生活空间 +"之上实现多个场景。

❶ 小憩模式：前后两排座椅都可以根据用户需求，电动调节到适合休憩的舒服状态，让用户休息得更舒服，如图 6-8 所示。

图 6-8　L9 小憩模式

❷ 冷热"冰箱"：对于长途旅行来说，带有冰箱功能可以提升幸福感，另外这个"冰箱"还支持加热，容量为 10 罐可乐，如图 6-9 所示。

图 6-9　L9 冷热"冰箱"

❸ 工作模式：这个小桌板除了摆放随身物品，还可以摆上你的电脑，可以直接投屏，如图 6-10 所示。

图 6-10　L9 工作模式

❹ 游戏中心：接上 Switch 可以实现三屏互联，后排娱乐屏也可以进行分屏显示，如图 6-3 所示。

❺ 户外模式：具有丰富的电源接口，还可以电源外放；结合空气悬架，完美贴合户外活动的电能需求、通过性需求等。

还有一些场景这里就不一一展现出来，如 KTV、电影院、音乐厅等。这些场景诠释了智能座舱必将是"移动生活空间 +"的概念。

6.2　小鹏 G9

2022 年 9 月 21 日，小鹏 G9 正式上市，作为小鹏汽车的旗舰产品，其携带了 Xmart OS 操作系统和高通 SA8155P 芯片，提供了更多的"第三空间"的场景探索，包括娱乐、睡眠、户外、生活、DIY 等，如图 6-11 所示。

| X-娱乐 |
| X-睡眠 |
| X-户外 |
| X-生活 |
| X-DIY |

图 6-11 G9"第三空间"

（1）视觉

小鹏 G9 配备了 30 英寸高清晰度的中控屏，以及副驾驶室的一体化屏幕。大屏可带来更流畅的交互、联动及触控体验。标配语音识别，人机交互更为便捷，使得车载智能应用及服务生态丰富。"小 P 私人定制"实现千人千面。

座舱芯片上，小鹏只采用了一颗高通 SA8155P 芯片驱动，不配备 HUD。

（2）语音

绝大部分语音可在没有网络的情况下使用，小 P 的响应速度达到毫秒级。小鹏 G9 还采用了四音区技术，不需要重复唤醒，即可支持不同乘客之间的连续指令。第一次将多进多出（Multiple-Input Multiple-Output，MIMO）通信技术应用到车的语音系统，即便是四个人同时发出指令，小 P 也可以执行。

（3）声学

小鹏 G9 拥有 7.1.4 声道高品质音效，包含 7 个环绕声道，1 个重低音声道，4 个天空声道，为用户提供最极致的音乐体验。全车共有 28 个声学单元，总功率达到 2250W。其中，有 18 个 confidence 高级音响系统扬声器，如图 6-12 所示。

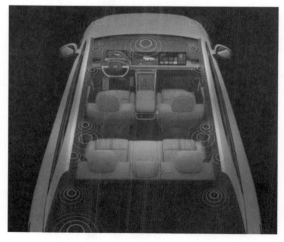

图 6-12 G9 7.1.4 全景声音响系统

（4）座椅

小鹏 G9 的座椅，无论在舒适度还是功能性上都有了很大提升，座椅支持加热、通风、按摩以及律动。副驾座椅增加了电动小腿托，后排座椅靠背角度支持 27°～ 37°调节并配备"象鼻式"大腿托，如图 6-13 所示。

图 6-13　G9 座椅舒适性与功能性

（5）X-EEA 3.0 电子电气架构

小鹏 G9 车型搭载最新一代的 X-EEA3.0 电子电气架构。X-EEA3.0 采用中央超算＋区域控制的高融合硬件架构，使得各部件的联系更为紧密，智能座舱的可交互性、语音控制的功能范围、OTA 升级时间都有了明显提升，如其整车级OTA 时间可控制在 30min，如图 6-14 所示。

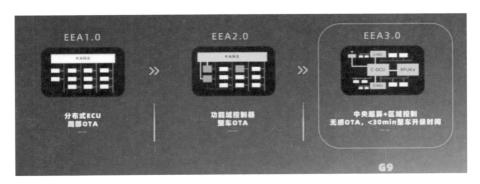

图 6-14　X-EEA3.0 电子电气架构

（6）场景模式——5D 视听座舱

小鹏在声音的基础上增加空调、香薰和座椅的联动，系统会根据电影内容自动调节空调风量、香薰味道和座椅的倾角，通过视觉、听觉、触觉、嗅觉等多个维度交互，实现更身临其境的影音体验。但是，实现这些的前提是需要片源适配。

通过对理想 L9 和小鹏 G9 的智能座舱的解读可以发现，两者都采用最新的集中式电子电气架构，将域控制器数量降到最少，都采用了高通 SA8155P 的芯片，理想甚至用了两颗芯片以提升场景交互体验。从视觉、语音、声学、座椅、手势控制等的感知和交互上来看，两款车型多模交互不断深入，打造出了"移动生活空间 +"。

参考文献

[1] 中国汽车工业协会软件分会软件定义汽车委员会（SDV）. 软件定义汽车产业生态创新白皮书 1.0[R/OL]. 2022-11-11.

[2] 佐思汽研 . 智能座舱白皮书 [R/OL]. 2021-12-14.

[3] 吴钊，郑赟 . 智能座舱发展趋势白皮书 [R/OL]. 2019-11-22.

[4] 李浩诚 . 中国汽车座舱智能化发展市场需求研究报告 [R/OL]. 2021-12-31.

[5] 李浩诚 . 中国汽车智能化功能模块系列研究 [R/OL]. 2022-03-22.

[6] 温礼辉 . 车载抬头显示系统（HUD）技术洞察报告 [R/OL]. 2022-03-02.

[7] Murali P K, Dutta A, Gentner M, et al. Active visuo-tactile interactive robotic perception for accurate object pose estimation in dense clutter[J]. IEEE Robotics and Automation Letters, 2022, 7（2）: 4686-4693.

[8] Murali P K, Kaboli M, Dahiya R. Intelligent in-vehicle interaction technologies[J]. Advanced Intelligent Systems, 2022, 4（2）: 2100122.

[9] Rong Y, Han C, Hellert C, et al. Artificial intelligence methods in in-cabin use cases: A survey[J]. IEEE Intelligent Transportation Systems Magazine, 2021, 14（3）: 132-145.

[10] Porciuncula F, Roto A V, Kumar D, et al. Wearable movement sensors for rehabilitation: A focused review of technological and clinical advances[J]. Pm&r, 2018, 10（9）: S220-S232.

[11] Gaffary Y, Lécuyer A. The use of haptic and tactile information in the car to improve driving safety: A review of current technologies[J]. Frontiers in ICT, 2018, 5: 5.

后·记

在过去的十年里，如果用一个词来形容中国汽车市场和品牌的竞争局面，"百舸争流"是再适合不过的词。无论是新势力品牌，还是传统车企及其转型品牌，在不同赛道、不同细分市场、不同战略的牵引之下，都展现出舍我其谁的气概。然而，千帆尽过之后，稳步向前、退出、破产抑或涅槃重生，本质上都是在数字化、智能化浪潮中激流勇进。

细数各大车企所开发的以用户需求和体验为核心的新产品，从智能化技术的发展和应用来看，主要体现在自动驾驶和智能座舱。在 L3 级自动驾驶受限于法规及市场条件而迟迟不得落地的状态下，竞争者们在自动驾驶方面都将进入同质化竞争，而智能座舱则是各品牌之间智能化及用户体验差异化竞争的最重要领域。

本书从智能座舱的背景、定义出发，漫谈了技术路径和关键技术，聚焦了主机厂的变革和价值迁移。我身边大多朋友从事的工作都跟书中这些内容有关，其中有他们设身处地的切身感受，也有他们的殷切期待。新技术的开发和应用，比常人想象得要快，也更深入。《礼记·中庸》有言："事前定则不困，行前定则不疚"，说的是做事要有预备，要不得的是自怨自艾，得超前一步甚至几步布局，主动迎战。

当初，接下约稿的时候，并没有太多犹豫，煮茶驱困，码字配图，短期内跟已经长期懈怠的自己缠斗，写到这里，用行话说，到达"数据冻结"里程碑，我也长舒一口气。

在此感谢化学工业出版社的各位编辑老师们，因为有你们非常细致的审稿、校对、排版等工作，这本书才能如期与读者见面。

书中定多有疏漏，还望读者朋友们指正。如有所惊扰，还望告知，一定更正。

祝，万事顺意。